ESP 大学英文

The Little Book on Legal Writing

法律英文写作
的第一本书

作者◎[美]Alan L. Dworsky
序言◎何家弘
审订◎冯震宇
译者◎江崇源　林懿萱

北京大学出版社
PEKING UNIVERSITY PRESS

著作权合同登记：图字 01 - 2006 - 6878
图书在版编目（CIP）数据

法律英文写作的第一本书/（美）德沃斯基（Dworsky, A. L.）著；江崇源，林懿萱译.
—北京：北京大学出版社，2006.12
（E. S. P. 大学英文）
ISBN 7 - 301 - 11119 - 3

Ⅰ.法…　Ⅱ.①德…②江…③林…　Ⅲ.法律—英语—写作　Ⅳ.H315

中国版本图书馆 CIP 数据核字（2006）第 118455 号

简体中文版由贝塔语言出版有限公司（Taiwan）授权出版发行
法律英文写作的第一本书. Alan L. Dworsky 著，冯震宇审订，江崇源、林懿萱译.
2004 年，第一版，ISBN 957 - 729 - 472 - 3

书　　　名：	法律英文写作的第一本书
著作责任者：	［美］Alan L. Dworsky 著　江崇源　林懿萱 译
责 任 编 辑：	杨剑虹
标 准 书 号：	ISBN 7 - 301 - 11119 - 3/D · 1589
出 版 发 行：	北京大学出版社
地　　　址：	北京市海淀区成府路 205 号　100871
网　　　址：	http://www.pup.cn
电　　　话：	邮购部 62752015　发行部 62750672　编辑部 62117788
	出版部 62754962
电 子 邮 箱：	law@pup.pku.edu.cn
印 刷 者：	三河市新世纪印务有限公司
经 销 者：	新华书店
	730 毫米×980 毫米　16 开本　14.25 印张　199 千字
	2006 年 12 月第 1 版　2008 年 7 月第 2 次印刷
定　　　价：	25.00 元

未经许可，不得以任何方式复制或抄袭本书之部分或全部内容。
版权所有，侵权必究
举报电话：010 - 62752024　电子邮箱：fd@pup.pku.edu.cn

中文简体版序言

由于历史原因,我从 25 岁才开始学习英语,当时是为了参加高考。考上大学之后,我学的专业是法律,但我对英语学习很认真,也很执着,因此,当我在人民大学攻读法学硕士学位的时候,就有了兼职在北京警察学院讲授英语的机会。后来,我从美国留学归来,应学生之邀在人民大学法律系开设了法律英语课程,当然是我专业教学科研之外的"业余工作"。屈指算来,我从事业余英语教学已逾二十载,而法律英语的教龄也十年有余。说一句比较张扬的话,我估计自己在法律英语教学方面已经达到了"准专业"的水平。我编写的《法律英语》教材受到广泛欢迎,即为佐证。

谈到学习英语,人们自然会想到"听、说、读、写"这四种基本语言技能。从人类学习语言的一般规律来讲,"听、说、读、写"是一种自然顺序,即先听后说再读再写。由此可见,"写"是最后学习的语言技能,也是最难掌握的语言技能。法律英语的学习本来就很难,而法律英文的写作那就是难上加难了。在这方面,我也有亲身的体会。20 世纪 90 年代初,我在美国西北大学法学院攻读法学博士(S. J. D.)学位。由于在那之前,我教过英语,当过英语翻译,也有过出国访问的机会,所以我的英语听说能力还是不错的,基本上没有交流的障碍。但是,当我开始用英文撰写博士学位论文的时候,我才发现"说"和"写"的差距,并发现自己的英文写作水平实在太低。开始的时候,我往往是在计算机前"憋"了几个小时才勉强凑成一段文字,而且是连自己都不能满意的文字。那种苦涩的感觉实在是难以用语言来描述。后来,我在认真学习和模仿他人的基础上不断提高自己的英文写作水平,以"特别能战斗也特别能吃苦"的精神夜以继日地写作,终于完成了那篇大概相当于 30 万汉字的英文博士论文(回国后由中国检察出版社出版成英文专著——《中美检察制度比较研究》)。通过论文答辩之后,我的心里有一个想法:我再也不用英文写作了!

诚然,对于一般中国人来说,学习英语的主要目的是听、说、读,而不是写。或者说,英文写作对大多数学习英语的中国人来说并不重要。但是,对于法律工作者来说,特别是从事涉外法律事务的律师来说,法律英文写作也是一项非常重要的技能。有人以为,律师就是靠"说"来挣钱的。其实不然,律师也是靠"写"

来挣钱的。特别是那些从事涉外法律事务的律师就经常要面临英文写作的需要,例如,撰写法律备忘录、法律意见书、案情摘要等法律文书。因此,在学习"法律英语"的时候加强法律英文写作的练习是非常重要的。

根据笔者的经验,在"法律英语"的教学过程中讲授或学习写作的最大难题是没有适用的教材。因此,看到这本《法律英文写作的第一本书》时,我很快就被它吸引了。这是一本由台湾学者翻译成汉语的教材。英文原著的书名是"法律(英文)写作的一本小书",翻译者把它转译成"第一本书"。开始,我以为这主要反映了翻译者的商业考量,且有些不以为然,但是读完全书之后,我觉得译为"第一本书"也不为过,因为它完全可以作为学习法律英文写作的入门之书。该书的作者简单扼要地讲述了英文写作的原则和方法,并且通过实例介绍了常见法律文书的写作技巧。这确实是一部既有针对性又有实用性的法律英文写作教材。对于那些有意学习法律英文写作技能的人来说,这绝对是其应该选择的"第一本书"。

中国人民大学法学院教授

美国西北大学法学博士

何家弘

2006年仲夏写于北京世纪城痴醒斋

系列编序

我的专业英文教练

不管你认同与否,英语的世界霸权无论在学术界或商界都已经明显确立。今日绝大多数非英语国家都重视英语教育,各行各业都需要用英文。台湾地区经济发展至今,知识密集型产业(knowledge-based industries)早已超越劳动密集型产业。在资源有限、竞争激烈、产品日新月异的大环境下,企业为了生存,都铆足全力追求先进的技术、创新的研发、专业的管理、知识产权的保护和现代化的实务操作理念。从前台湾地区的产业以代工为主,管理阶层短视,只看到眼前的订单,不注重研发。今日情况大为不同,企业经营与全球经济脉动息息相关,各行各业的指标公司几乎都设有R&D(研发)部门,以求充分掌握当前及未来的专业知识和技术,因而对员工的知识门槛要求也相对提高。

台湾地区的高等教育发达,民众学习各类专业领域知识的机会很多,但接触到的最新资讯往往都是以英文发表。对英文能力有限的企业或个人来说,都构成严重的前进发展障碍。况且经济走向全球化之后,法律、通讯、知识产权、顾问、翻译等领域更显得无比重要,而大多数这方面的现代知识及最先进的理念都以英文传达。台湾地区的专业教育长时间忽略提升英文能力的配套规划,导致法律英文、财经英文、管理英文、医学英文、科技英文、新闻英文、服务英文等领域长期缺乏人才。对台湾地区的人来说,这尤其不利。台湾地区业界的专业知识不输其他地方的人,但却往往输在英文表达上。要扭转这种劣势,得说服业界和教育界改变思维,视专业英文为高所得投资,但这恐怕还需很长的一段时间。

贝塔语言出版的《E. S. P. 大学英文》书系提供了一系列最权威而实用的知识英文辅导,让你在较短的时间内充实你的专业英文,奠下扎实而正确的基础,提升你的竞争能力。我在台湾大学的研究所教授工程英文和商业英文多年,常发觉研究生的专业知识能力及训练都毋庸置疑,但英文程度却有很大的差异。一旦投身业界,彼此都是精英,在专业能力不相上下,无法产生鉴别作用时,英文能力的高下(当然还有待人处事的成熟度)便成了鉴别的基准。本系列的第一本书《法律英文写作的第一本书》的作者曾经说过,除非你的案子明显到不必辩解,只要任何一条狗嘴里叼着一张字条说明就可以打赢官司,不然的话,文字表达的好坏很可能左右结果。

无论你是做哪一行的,每个人或多或少都需要英文老师。但要无时无刻都有一个专业英文教练在你身旁是不可能的事。今天你需要的是法律知识,明天可能是研究方法,也可能是商业管理,而这些资讯都可能来自各种英文媒体。假如没有一个随身的专业英文教练,这些原本可以让你的能力加分的知识都变成一种负担,甚至会让你对自己的表达能力失去信心。《E. S. P. 大学英文》书系就是你的专业英文教练,能够帮助你用英文来强化你的专业,使你超越语言的限制,培养出更强的竞争力。

Good English makes a difference. 千万不要让自己输在英文上。

台湾大学外国语文学系副教授

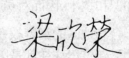

审订者序

就个人在美国攻读法律,以及从康奈尔大学法学院取得 Juris Doctor (J.D.) 学位后,在美国执业律师的经验而言,我发现从事法律工作最重要的一项工具,就是要掌握研究与写作的能力。唯有掌握写作的诀窍与方式,才能掌握成功的关键,此种情形在英、美、法国家更是明显。

虽然许多人看到电视或是电影中律师出庭进行辩论,往往以为律师只要会说话、能辩论即可。但是事实上,出庭的那短暂时间却通常是奠基于诉讼过程中所累积的诉讼资料与文件。可以说,律师的主要工作在于写作,而非辩论。

因此,写作能力的培养与运用,不仅对在台湾地区从事法律服务十分重要,对从事涉及其他国家与地区的法律服务,更是重要。而如何透过写作来说服对方,更往往是成功的关键。因此写作能力的掌握,乃是有志于从事法律工作人士的绝对必要的工具。

不过在台湾地区融入全球化的过程中,法律界却面临了相当大的挑战。一方面在于台湾地区的法学教育较不重视英文,造成台湾地区法律系学生英文程度普遍不足以适应严格的法律英文要求;另一方面,则是台湾的法学教育偏重于背诵与记忆,未能强调研究与写作,使得台湾法律系学生的研究与写作能力亦有待加强。

观察到这些问题,个人在台湾政治大学法律系教授英美法时,就特别强调研究与写作能力的培养。但是与此同时,也面临着一个重大的问题,那就是台湾并无一本能够符合需求的法律写作书籍可供参酌,而必须寻找不同的书籍作为教材。

在 2003 年,贝塔出版社欲出版 Alan L. Dworsky 教授所著的 The Little Book on Legal Writing ,特别请本人就翻译进行审阅,这也使得本人能有机会拜读这本法律写作的小书。而在读完并与本人所接触或利用的法律写作书籍相比之后发现,这本书虽然轻薄短小(全文只有 142 页),但是却能掌握重点,不但涵盖了法律写作的原则,也详细介绍了美国法律的基础,十分难得。而为了帮助读者掌握重点,Dworsky 教授更在各章提出许多写作建议与原则,使读者能够轻松地掌握法律英文写作的方法。

写作虽然看似简单,但是若要写得好,则不容易。此种情形在法律英文写作,更是如此。不过,随着这本《法律英文写作的第一本书》的出现,有志于学好法律英文与强化法律英文写作的人士将有一本可以轻松掌握的入门书籍了。

台湾政治大学法学院法律系暨商学院知识产权研究所合聘教授

冯震宇

目录

- 中文简体版序言 ································何家弘
- 系列编序 ···梁欣荣
- 审订者序 ···冯震宇

第一章 序言······1

第二章 平易的英文······5

- 学习法律英文写作并不像学一种外国语言······7
- 避免深奥的法律用语······7
- 使用熟悉平易的字······8
- 省略不必要的字······8
- 尽量使用短句子与短段落······12
- 用主动语态来建构句子······12
- 有时候不能使用平易的英文······14

第三章 写作风格······17

- 不要使用缩写······19
- 不要用第一人称来写作······19
- 避免使用反问句······20
- 除非你是在引证别人的话,否则不要使用俚语······21
- 认真看待你的案子······21
- 避免使用脚注······22
- 斟酌使用下划线来加强语气······22
- 使用惯用的字体······23

- 只有当你的打印机能平均地隔开每个字时，才使用靠右对齐的排版……23
- 不要靠字体大小、行距或页边空白作弊……23
- 避免在一页的页底摆上标题……24
- 将段落的首行缩排……25
- 擅于使用上标点……25
- 不要太常使用斜线……26
- 避免 not 和 un 的结合……26
- 不要用眉批的写作风格来写作……27
- 不要在民事案件中指称某人为骗子……27
- 不要用婉转、间接的言词谈论死亡……27
- 正确使用跟契约相关的词汇……28
- 称呼某物的用语应前后一致……28
- 保持平行……29
- 正确地使用大写……31
- 不要将地名以缩写表示……34
- 以适当的形态来表示数字……35
- 学着叙述时间……36
- 避免使用涉及性别歧视的语法……39

第四章 用法……43

- accrue（增长）、incur（招致）……45
- admission（承认）、admittance（准许进入）……45
- affect（影响）、effect（结果）……45
- allude（略为提及）、refer（提及）……46
- and 、& ……46
- and/or ……46
- apply（应用）……47

- arguable(可辩论的)、arguably(可争辩地)……47
- assure(保证)、ensure(使确定)、insure(确保)……47
- because(因为)……48
- car(车子)……49
- clearly(清楚地)……49
- communication(讯息)……49
- contact(接触)……50
- criteria、criterion(标准)……50
- desires(渴望)、wants(想要)……51
- dicta、dictum(意见)……51
- disinterested(公平的)……52
- facility(设备)……52
- fired(被解雇)……52
- first、firstly(第一;首先)……52
- former(前者的)、latter(后者的)……52
- ground、grounds(理由)……53
- guilty(有罪的)、innocent(无辜的)、liable(负有法律责任的)……53
- imply(暗示)、infer(推断)……54
- in question〔该(人、事)〕……54
- in terms of(就……而论)……54
- may、might(也许)……55
- monies(钱)……55
- moot(未决议的)……56
- motion(请求)、move(请求)……56
- of course(当然)……56
- prove(证实)、show(陈述)……56
- purchase(购买)、sale(销售)……56
- represents(代表)……57
- respective(分别的)、respectively(分别地)……57
- said(说)……58

- that ········ 60
- the fact that(事实是……)········ 61
- timely(及时的)········ 61
- true facts(真实的事实)········ 62
- whether(是否)········ 62
- widget ········ 62
- with respect to(有关)········ 62

第五章 拼法········65

- admissible(有资格进入的)、permissible(可允许的)、reversible(可反转的)········ 67
- advice、advise(建议)········ 67
- alleged(声称的)········ 67
- appealed(上诉的)········ 68
- argument(辩论)········ 68
- capital(首都;资本)、capitol(美国州议会大厦)········ 68
- causal(原因的)、casual(偶然的)········ 68
- comparative(比较的)········ 68
- council(地方议会)、counsel(律师)········ 69
- complement(补充)、compliment(恭维)········ 69
- defendant(被告)、respondent(被告)········ 69
- exercise(行使)········ 69
- forbear(克制做……)、forebear(祖先)········ 69
- foreseeability(可预见性)········ 70
- indictment(控告)········ 70
- its(它的)、it's(它是)········ 70
- judgment(判决)········ 70
- lead、led(引导)········ 70

- liable(负有法律责任的)、libel(诽谤的文字)……70
- loose(松的)、lose(输)……70
- merchantability(销路)……70
- occasion(场合)、occurrence(发生)、omission(省略)……71
- paid(付款)……71
- parol(口头答辩)、parole(假释)……71
- personal(个人的)、personnel(员工)……71
- plead〔为(案件)辩护〕、pleaded……71
- principal(主要的;校长;资本)、principle(原则)……71
- privilege(特权)……72
- rational(合理的)、rationale(基本原理)……72
- receive(得到)……72
- rescission(解约)……72
- subpoena(传票)……72
- supersede(取代)……72
- tenant(房客)、tenet(信条、原则)……72
- therefor(为此)、therefore(因此)……72
- threshold(〔比喻〕起点、开端)……73
- trespass(擅自进入)……73
- v.、vs.(对抗〔某人或某事物〕)……73
- who's(谁是)、whose(谁的)……73

第六章 判决摘要……75

- 判决摘要的基本格式……77
- 判决摘要的格式须符合个人的需要……79
- 随着摘要经验的累积,你所作的判决摘要将愈来愈趋精简……79
- 尝试以图解的方式来分析复杂的判决……80
- 法院判决的格式很少遵守判决摘要的格式……80

- 藉由合并法院意见栏与争点栏的方式，来简化判决的摘要工作……81
- 如何区别"法院意见"与"法院在各判决中所适用的法规范"……82
- 附录一……85
- 附录二……86

第七章 案件与法院……87

- 如何在文章中表达你正在处理的案件……89
- 如何在写作中清楚地表达所引用的判决……91
- 法院的代词是 it……91
- 清楚地表达你所要表达的法院系指何法院……93
- 你必须清楚地意识到，哪个法院是你正在进行交涉的法院……95
- 对于法院所作的任何决定，需作最精确的传达……95
- 在表达法院的主张或意见时，避免使用"本院觉得"的用语……97
- 在引用判决时，无须特别指出作成该则判决法官的姓名……97
- 除了判例所建立的法规则外，在论述被引用判决中的事实或法院的主张时，在语句时态的选择上，皆以"过去式"为之……97
- 在从事判决比较分析时，须严守相同事物才能作比较的基本准则……99
- 如何以适当的语词来表达你所引用的判决之间是有所区别的……100
- 附录一 "美国法院系统"……101
- 附录二 美国法院判决汇编……102

第八章 案例名称……105

- 除非你的当事人于诉讼中所扮演的角色（原告、被告、上诉人或被上诉人）较具说服性，否则，以你的当事人姓名来称呼你的当事人……107
- 当事人为"公司"或"政府组织"时，应选择明确清楚且具有说服力的名称，来称呼此等当事人……108
- 以清楚、明确且具说服性的名称来称呼共同诉讼人……109

- 如何以简称的方式来称呼当事人……109
- 无须在当事人的姓名前加上称呼语……111
- 以名字的方式来称呼当事人时,应谨慎为之……112
- 避免使用"首字母缩略词"……112
- 是否须在诉讼角色前加注定冠词 the,写作者具有决定权……113
- 以现实生活中所扮演的角色来称呼被你所引用判决中的当事人……114
- 当你在诉状或意见书中引用判决时,须辅以圆括弧加注当事人的角色。当事人名字被重复提及时,对于该判决中被重复引用的当事人,可径以当事人的名字来称呼当事人……115
- 以第三人称单数代词 it 来称呼私法人或机关组织……116
- 从当事人的角度去进行法律争点的攻防……117

第九章 引注……119

- 引注的格式,常是读者判断你专业能力的基础……121
- 引注时使用加下划线的方式来替代斜体字……121
- 在引注条文时,如果无法使用代表条文的符号§,你可直接以 sec. 的方式来代替……121
- 引注不但妨碍文句通顺,同时亦是阅读流畅性的障碍……122
- 引注句在角色的扮演上就如同随文脚注……123
- 当你引用判决中某特定段落时,须特别在引注中标示出你所引用段落的页数……124
- 对于相同内容的引用,仅须在第一次引用时加以引注……125
- 适当放置引注,可避免引注出现在每一个句子句末的情况发生……126
- 如何使用"短引注"……127
- 在未用"全引注"前,禁止以"短引注"的方式来处理"判决引注"的问题……129

- 避免使用序言性质的符号……129
- 对于含有写作者个人意见的句子,不须在句末以引注的方式交代形成你个人意见的相关判决……130
- 附录……132

第十章 引文……133

- 尽可能少用引文……135
- 如果引文是不可免的,引文的内容应愈精简愈好……135
- 对于冗长或困难的引文,须加以摘要……135
- 尽可能使引文的内容与你的文章融为一体……136
- 以缩排、单行间距的方式来处理重要或冗长的引文……139
- 如何在引文时正确地使用标点符号……140
- 对引文的原始内容有所修正(如改写或省略)的情况下,在写作上标明此修正……141
- 避免将法律专业术语加引号……143

第十一章 法源的引用……145

- 引用法源来支持你法律上的论点……147
- "必要性法源"是你论点(法律层面)的主要基础,其他非必要性的法源为支持你论点的辅助资料……147
- 对于直接源自于成文法的法规范,你只需直接引用该成文法的规定已足,无庸再引用单纯仅适用该成文法的判决……149
- 当联邦判决适用州法时,应言明其所适用之州法为何州的法律……150
- "判例拘束原则"的适用及"判例拘束原则"适用上的修正……150
- 一个对你案件不利的判决,并非全无被引用的可能……152
- 如何在句末运用圆括弧来补充不重要判决的案例事实……152

- 禁止引用或引注判决中的判决提要……153
- 依你所需引用判决……153
- 要判断"与你案件有关的所有相关判决"是否皆已被引用是困难的……154
- "相对要件"与"绝对要件"……154

第十二章 办公室备忘录……157

- 尽早准备第一份办公室备忘录草稿……159
- 从客观角度撰写办公室备忘录……159
- 办公室备忘录的格式是多变的……160
- 除非论题段落过于冗长,否则办公室备忘录中应包含一个论题段落……161
- 按顺序一次讨论一个争点……163
- 每个争点的讨论栏依CRAC来形成……164
- 先解释法律原则,再将此原则适用到案件事实中……166
- 清楚交代每个引注的案件事实以使引注有意义……168
- 首先分析支持你结论的争点,即使这个结论不利于你的当事人,然后再讨论相反的论点……170
- 说明你的争点将由法官或陪审团决定……172
- 当你将判例法及成文法适用到案件事实中时,应沿用判例法及法令中的用词……173
- 使用能承前启后的转折语……174
- 即使没有硬性要求,仍应尽量使用副标题……175
- 结论部分不要再加入前面段落未提过的新内容……176
- 尽可能简洁地表达你的结论……176

第十三章 问题提出……179

- 选择澄清争点而非完整陈述……181
- 避免用 whether 作为"问题"的起始……181
- "问题"栏以成文法或判例法起头,并以案件事实结尾……182
- 决定使用诉讼当事人的姓名或称谓来指称当事人……184
- "问题"栏切勿涵盖结论……185
- "问题"栏只陈述主要争点……186
- 谨慎地选择及强调不具争议性的"案件事实",以使"问题"栏具说服力……187
- 在"问题"部分强调初审的胜诉判决……188
- 在律师答辩状中,把"问题"转换成要点标题……188

第十四章 主张(或争辩)……191

- 以撰写律师答辩状的格式来书写法律意见书……193
- 在律师答辩状或是法律意见书"事实栏"下,陈述案件事实须具有说服力……194
- 只要可行,用你最有力的主张(或争辩)起头……197
- 结论—法规范—法律适用—结论(CRAC)的法律写作方式,可运用在你的所有主张(或争辩)讨论上……197
- 正面迎击不利于你当事人的主张(或争辩)……198
- 主张(或争辩)在"精"不在"多",且亦应避免将其复杂化……199
- 选择简单而不复杂的主张(或争辩)来讨论……200
- 提供给法官一个简单的方法来判决己方胜诉……200
- 提出好的政策来支持你的主张(或争辩)……200
- 每一个主张(或争辩)的提出,皆须符合法院的审查标准……201
- 倘若下级法院的判决是合理的,你亦可将此下级法院的判决列为支持你所为主张(或争辩)的理由之一……201

- 在主张（或争辩）上，应以强烈且合理的语气为之┄┄202
- 在为主张（或争辩）讨论的一开始，需省略介绍性的语词┄┄202
- 为言词辩论攻击防御时，你所攻击的对象是对你不利的主张（或争辩），而非对造律师┄┄203
- 不要拿你的法律学素养来作测试┄┄203

第十五章 结论┄┄205

第一章 序言
Introduction

第一章 序言

如果你想用最少的努力快速学好法律英文写作,那么,这本书是为你设计的。这本书依不同的主题拆成数个小章节,你可以花数个小时一次读完整本书;或者,你也可以选择一次读一点,分次读完它。

这本书是我累积多年教法律系一年级学生法律写作的经验而成,每一个建议都和我的学生曾问过的,或他们在法律意见书及律师答辩状中曾犯的错误有关。这些建议也同样适用于其他类的法律文件,像契约及诉状。事实上,这本书的许多部分亦适用于一般非科幻的写作,因为好的法律写作也会是好的写作。

我在写这本书的过程中获得许多乐趣,希望诸位在阅读本书的过程中也同样能获得乐趣。

第二章
平易的英文
Plain English

第二章 平易的英文

一 学习法律英文写作并不像学一种外国语言

在法律课堂上，你必须学习数以百计的法律专有名词，不过好消息是，只要你学会用不同方式选择及安排已知的词汇，仅仅使用你已知的词汇就能让你成为一位好的法律写作者。

大多数的人在讲话的时候都能很自然地选择及组织要用的词，但当要提笔写作时，不知为何却总无法流畅地表达。我和我的学生讨论他们的作业时发现到这种情况，我时常会指着某个语意含混不清的句子问我的学生："你想表达的是什么？"而通常他们所说的答案会比他们所写的清楚。接着，我会问："那为何不照你所说的那样写？"当你写作的时候，请持续不断地问自己，你想表达的是什么。想象你正解释给一位对法律一无所知的朋友听，然后，把你要对他说的话写下来。最后，尽可能使你所写的内容简明易懂。不过，必要时你还是可以加上一些法律专有名词。

这种简单又直接的写作风格就叫做"平易的英文"，意思是把你所要说的话，小心地修改编排了一番以后，再呈现于纸上。现在这种写作风格已经在法律写作的教科书及课堂上广泛采用。本章整理出了平易英文的几个基本原则。

二 避免深奥的法律用语

读了教科书中那些年代久远的案件以后，你可能会觉得，像律师一样写作意味着在文章中使用 aforesaid（前述的）、herein（在此）及其他类似的深奥词汇来替你的文章润色一下，但这些深奥的用语其实并没有什么特别或精要的法律意义。在现代，几乎每一位法律写作者都视这些词汇为矫情及老式的词语，并以"深奥的法律用语"（legalese）来称呼这些词。当你写法律备忘录（memo）或诉状（brief）时，请不要模仿教科书中那些深奥的法律用语，因为现代律师的写作风格不会跟逝世多年的法官一样，年代差太远了。

三 使用熟悉平易的字

你必须了解，无论你的读者是教法律写作的老师、法律系教授、律师或法官，他们的共通点是工作都很忙碌，所以，当他们看到不懂的字时不会去查字典，他们会略过不看。因此，为了避免空忙一场，请不要使用字典里太过深奥难懂的用语。如果你一定要用某个你认为最能够表达你想表达的内容，自己却又不熟悉的字，那么，请在使用到这个字的地方为它下定义。

即使你用了一个读者能了解的华丽单字，意思上也不会比你用另一个简单的同义字来得更清楚有力。例如，用 tell（告诉）来替代 apprise（告知）；用 go（从事……活动）来替代 proceed（继续进行）；用 start（开始）、begin（开始）来替代 commence（开始）或 initiate（开始）；用 show（显示）来替代 evince（显示出）；用 try（尝试）来替代 endeavor（努力）；用 happen（发生）来替代 transpire（发生）；用 later（以后）来替代 subsequently（其后）；用 someone answered yes（某人回答是）来替代 answered in the affirmative（给予肯定的答复）。如果你不曾在讲话时使用到某个字，那么写作时也请不要使用这个字。

四 省略不必要的字

"省略不必要的字"是 Strunk 和 White 在 *Elements of Style* 一书中所提出的最经典的法则，请各位牢记在心。在大学时期，你或许曾以长篇大论的文章来让老师对你印象深刻，但这种做法在法学院或执业时却行不通。如果你写的法律意见书或律师答辩状简洁又不失完整性，你的读者将会因你体谅到他们时间宝贵，而感谢你在这点上所做的努力。

当你将多余的句子从法律意见书或律师答辩状中删除时，请再检查一下其余的句子中是否还有赘字。尽量让法律意见书或律师答辩状中的每个用字都有其特定的目的或意义。以下列举一些省略赘语的方法：

第二章 平易的英文

避免冗长的介系词片语：
for the purpose of(为了……目的) = to(为了)
in close proximity to(接近于……) = near, close to(接近)
in order to(为了) = to(为了)
in order for(为了) = for(为了)
in regard to(关于) = about, concerning, regarding(关于)
in terms of(就……方面) = at, in, for, by, with, etc.(就……方面)(p.54)
in the event that(如果) = if(如果)
in the vicinity of(附近、接近) = near(附近、接近)
in view of the fact that(因为) = because(因为)(p.61)
on the part of(就……而言) = by(就……而言)
with reference to(关于) = about(关于)
with respect to(关于) = about, concerning, regarding(关于)(p.63)

避免多余的片语：
the area of tort law(侵权行为法) = tort law(侵权行为法)
ask the question(询问) = ask(询问)
emergency situation(紧急情况) = emergency(紧急情况)
free gift(免费的礼物) = gift(礼物)
general consensus(一般的共识) = consensus(共识)
null and void(无效的) = void(无效的)
personal friend(个人的朋友) = friend(朋友)
true facts(真实的事实) = facts(事实)
unexpected surprise(意外的惊讶) = surprise(惊讶)

避免那些使用 nature、one、process、level 等不必要的抽象语句结构：
The allegations were serious in nature.(这个声明本质上是严肃的。)
  = The allegations were serious.(这个声明是严肃的。)
The allegations were serious ones.(这个主张是严肃的主张。)

= The allegations were serious.（这是个严肃的主张。）
Litigation is an expensive process.（诉讼是个很昂贵的过程。）
= Litigation is expensive.（诉讼是很贵的。）
At the trial court level（在初审法庭的阶段）
= In the trial court（在初审法庭）

省略不需要的引言：
The law is that for a statement to be privileged it must be true.
（法律规定必须是真实的陈述才能主张以特权免除。）
= For a statement to be privileged it must be true.
（必须是真实的陈述才能主张以特权免除。）

It can be seen that Hill involved the same issue.
（我们能看到 Hill 一案涉及到相同的议题。）
= Hill involved the same issue.
（Hill 一案涉及到相同的议题。）

It would seem that proving fraud will be difficult.
（要证明诈欺似乎会很困难。）
= Proving fraud will be difficult.
（要证明诈欺很困难。）

She *is a woman who* has a good driving record.
（她是有优良驾车纪录的女人。）
= She has a good driving record.
（她有优良的驾车纪录。）
It is probable that the judgment will be reversed.
（这个判决被推翻是有可能的。）
= The judgment will probably be reversed.
（这个判决可能会被推翻。）

第二章　平易的英文

It is important to note that（注意到……是重要的）=>〔直接提及那件事即可〕

This memorandum addresses the issue whether
（这份法律意见书强调这项争议是否……）=>〔直接强调那件事即可〕

避免不需要的修饰语，像是 very（非常）、pretty（相当）、somewhat（有点）、rather（相当）：
very important（非常重要）= important, critical, crucial（重要）
very big（非常巨大）= big, huge, giant, enormous（巨大）
pretty incredible（相当难以置信）= incredible（难以置信）
rather unusual（相当不寻常）= unusual（不寻常）
somewhat profound（有点深奥）= profound（深奥）

使用一个字的动词语态来代替名词语态（p.14）：
conduct an examination（进行一项检查／调查／审查）
= examine（检查／调查／审查）
engage in the pursuit of（进行对于……的追踪）= pursue（追踪）
have a dialogue（进行一段对话）= talk（谈论）
make a decision（作出一个决定）= decide（决定）
possess knowledge（拥有知识）= know（知道）
尽量使用主动语态（p.13）：
An order was issued by the court.（有一项命令由法院发布。）=
The court issued an order.（法院发出一项命令。）

对于在某些特定情况下如何省略赘语的方式，我在整本书里都会给各位读者一些建议，应该能帮助你们大致了解其意义所在。在你了解我说的道理之后，就跟你键盘上的删除键当好朋友吧。

五 尽量使用短句子与短段落

如果你不擅长造句,短句子是比较保险的写法,因为短句子易读、易写也不易出错。但请注意,基本原则是"尽量使用短句子",而不是"只能使用短句子"。如果你谨慎造句并将文章适当分段,长句子也能变得很好懂,因为好的长句子可以将数个短句子巧妙地放在同一个句子中。

除了短句子,你也应该尽量使用短段落,因为对读者来说,段落之间的分段处就像登山时的临时歇脚处一样重要。如果一个段落超过半页长,请在其中寻找一个合理的分段处将这个段落分成两段,而合理的分段处通常出现在读者可预料到的地方:

- 在某个规则的陈述与此规则出处的案例说明之间(between the statement of a rule and the explanation of a case from which it comes)
- 在某个规则的解释与适用这个规则到事实之间(between the explanation of a rule and its application to your facts)
- 在规则适用的数个构成要件之间(between the application of each of several elements or factors from a rule)
- 在一个立论及其驳论之间(between an argument and a counterargument)

请努力在段落的长短间求得一个平衡点。如果你的段落太短,你的写作将显得松散而缺乏组织。谨慎地使用一两个句子构成一个段落,将使文章更显简洁有力,但如果过度使用短句子,你的读者在读完整篇文章后还需费力重新组织你想表达的内容。所以,段落的长度要够长,如此才能表现出相关句子间的关联性,但请勿使用过长的段落,否则会耗尽读者的精力。

六 用主动语态来建构句子

用主动语态建构的句子通常比用被动语态建构的句子更清楚、更有力度,也更简洁。被动语态不是不能用,而是要当你清楚地确定,在某种特定的情况下被动语态能让你更贴切地表达意思时才能使用它。在你能够清楚地确定是否要使用被动语态之前,你必须先分辨出主动语态与被动语态的差异。

以下是一些主动语态的例子:

例 1

The police *searched* the house.

上面这个句子的动作从主语 the police(警察)到动词 searched(搜索)到宾语 the house(房子)而完成。

被动语态的动词通常伴随着 to be 的动词形态(如 is 、are 、was 、were 、has been 等):

例 2

The house *was searched* by the police.

目前为止,句意并没有改变,但例 2 所用的被动语态构句就比例 1 所用的主动语态构句多出了两个词。在所有其他的条件都相同的情形下,你应该依照"省略不必要的字"的原则,选择例 1 而非例 2 的写法。

当一个句子的宾语被省略时,使用被动语态的缺点立即显现:

例 3

The house was searched.

例 3 省略了包含于例 2 中的信息:谁搜索了这个屋子。当写作者试着要避开行为人的责任时,通常就会选择例 3 这样的写法,正如"Mistakes were made."(有人犯了错误)一样。但使用这样的写法时要留意,不要不自觉地改变了句意。

稍加练习,你便能掌握使用被动语态的时机。当你完成整个文章的一部分时，请从文章起始处检查所有出现动词结构"to be"的地方，如果在文章中找到一些被动句，问自己这些地方改用主动语态是否会更好，相信答案十之八九都会是肯定的。

就算一个句子里头的动词是以主动语态来表达，但如果句子里真正的动作是用名词来表达的，那么该句还是有可能会变得冗长而含混。在下面的例子中，request 被当成名词而非动词使用：

例 4

The defendant made a *request* for a continuance.

若像例5 所示，将关键动作转移到 *requested* 这个动词，将使这个句子更简短有力：

例 5

The defendant *requested* a continuance.

七 有时候不能使用平易的英文

平易的英文并非总是适当的。因为你也许会选择以避重就轻的迂回写法来陈述对己方不利的法律或事实。如果你的当事人攻击受害者四次，被动语态将能减弱事实被强调的程度：

例 6

The victim *was struck* four times.

虽然是你的当事人攻击被害人，但使用被动语态就能减弱"攻击"这个动作被强调的程度。

你也许曾试着用一般人印象中律师的写法来吓唬那些不懂法律的人：

第二章 平易的英文

例 7

Ms. Anderson has requested[1] that I inform you that if you do not vacate[2] the premises[3] forthwith[4], she will be forced to institute[5] legal proceedings against you.

你的老板也许不允许你在某些情况下使用平易的英文。我的第一份工作和法律有关。当我在填写工作时间记录卡时，我犯了法律写作入门者常犯的错误，像是"Talked to client by phone about case."（用电话和当事人讨论案子。）我的老板就教我，这句话以后必须改为"Telephone conference with client re: litigation strategy."（与当事人以电话会议的方式讨论诉讼策略）才对。在那之后我都不和其他律师同事们在公司里"谈公事"，而是与他们进行"办公室内的会议"。

【词汇补充】

1. request（v.）要求
2. vacate（v.）搬出
3. premise（n.）土地
4. forthwith（adv.）立即
5. institute（v.）开始

第三章

写作风格

Style

第三章

写作风格

因为法律意见书(legal memorandum)或律师答辩状(brief)需要比平易英文稍微正式的写作风格,所以本章将会先针对写作风格中读者需要调整的部分作解说,然后再介绍形成写作风格的过程中应注意的其他事项。

一 不要使用缩写

我会在书中使用缩写是因为这是我的书,所以我可以随心所欲。缩写会赋予写作一种自然且亲切的语调,不过一般人习惯上认为,正式的法律写作中出现缩写是不适当的。因此,除了你引述(quotation)的他人文句中可以出现缩写外,建议你不要使用缩写。

二 不要用第一人称来写作

当你在撰写办公室备忘录的时候,如果你将重心放在分析而非作者本身,文义会更具权威性。而当你以客观的角度来撰写呈庭的律师答辩状时,这篇律师答辩状就会更具说服力。还有,如果能让法官忘了你是以律师的身份出现在法庭中,你的话听起来就会最为客观。所以,请避免使用 I 、me 及 my。

同时,当你写诉状时也应避免使用 we 、us 及 our。虽然如 we can argue(我们能主张)这些字在正式的法律意见书中是被接受的,但你必须确定你谈论的 we 所代表的是你的事务所或你的当事人,当你使用 we 这个字只代表你自己,如 "We will now discuss"(我们现在将讨论)或 "We will now examine"(我们现在将审查),就应该避免使用。

避免用到第一人称来写作的方式有很多,例如下面从法律意见书里引用的几个例句就作了一些句法上的改变:

例 8

I think Weithoff has the stronger argument on this point.

在此处避免使用第一人称代词的方法是将 I think 从句子中拿掉：

例 9

Weithoff has the stronger argument on this point.

但如果你在例 8 中使用 I think 是因为你想清楚表达这只是你个人的见解，那么也许例 10 的写法会比例 9 好：

例 10

Weithoff *probably* has the stronger argument on this point.

最后，无论如何请不要使用其他像 this writer（这个作者）这样的替代语来取代第一人称代词。

三 避免使用反问句

所谓反问句（rhetorical question）是指一个隐含答案的问句：

例 11

Is it reasonable to expect a buyer to read a contract at a check-out counter?

避免使用像例 11 这样的问句，因为这样的问句带有挑衅及讽刺的含意，而且如果你让读者来回答，你也许无法得到你想要的答案。所以，不要暗示你的论点，要就说出来。

四 除非你是在引证别人的话，否则不要使用俚语

俚语和法律意见书或律师答辩状的正式用语摆在一块会显得不搭调。例如，表达原告的车"被破坏"，就要用 wrecked 而不要用 totaled[1]；表达被告"偷了"立体音响，就要用 stole 而不要用 ripped off[2]；表达被告"喝醉了"，就要用 drunk 或成文法中的标准用语 intoxicated，而不要用 smashed[3]。

当你引证别人的话时就可以使用俚语，就算是不入流的俚语也可以用。事实上，如果诉讼另一方用俚语所作的陈述有利于己方的话，你大概会想一直引用对方的话。例如，假设你在一个欺诈案中代表原告方出庭，被告方供称这笔交易只是一些 honest scamming（诚实的诈骗），你也许可以找机会指涉被告所谓的 scamming[4]。如果可能，尽量引用另一方的话使你的案子胜诉。

五 认真看待你的案子

诉讼不是件开玩笑的事，所以你应该严肃看待它。即使你引用的是一个非常有趣的笑话，也会使得法官认为你不认真看待你的案子。如果你是以轻率的态度看待你的案子，那么这个案子胜诉的机会也不会大。博君一笑的风险可是很大的。

你可能会觉得，因为你知道老板喜欢你的幽默感，所以你就可以在办公室备忘录中写一则笑话。但当你这么做时，你应该问你自己："是否我的当事人或法官在读到我写的办公室备忘录时会觉得很轻松自在？"许多的当事人中途就把他

【词汇补充】
1. wrecked, totaled 都是"破坏"的意思，后者是俚语的用法。
2. stole, ripped off 都是"偷窃"的意思，后者是俚语的用法。
3. drunk, intoxicated, smashed 都是"喝醉"的意思，后者是俚语的用法。
4. scamming, scam 是"诈欺"俚语的用法。

们聘请的律师给撤换掉，然后自己出庭，这还比较好一点。有些当事人还会反过来控告律师，说他们犯了职业疏失。一转眼之间，你那颇具巧思的备忘录就成了法庭上的最佳证物，而你也会突然希望，自己没有把当事人当成是只会不停抱怨的人。

六 避免使用脚注

读者在阅读文章时，目光转移到页尾再回到正文的这个动作，不但浪费时间，而且还会分散他们的注意力。若你写的是论文或法学评论（law review）的文章，脚注（footnote）也许能提供一个学术性的理论，或是读者研究信息的来源，但在此处，你不是在写论文或法学评论的文章，你所做的是试着帮你的老板或法官作一个特定的决定。如果某件事真的非常重要，而且必须在法律意见书或律师答辩状中提到，那么请将它放在正文里，不要放在脚注的地方。

七 斟酌使用下划线来加强语气

不要将你想强调的字用粗体字、斜体字或全用大写字母来呈现，请改用加上下划线的方法来呈现。虽然粗体字、斜体字以及在你想强调的字底下加下划线同样都具有加强语气的作用，但加下划线的方法如果使用得当，你的文章会更显生动，但相反的，如果你没有节制地滥加下划线，那么读者就会觉得好像要屈就于你，或是你在对他们咆哮、唠哩唠叨，最后就把他们给惹恼了。凡事都强调的结果就是什么都没有强调。这就像是狼来了的故事，故事中的小男孩因为喊了太多次狼来了，最后有一次狼真地来了的时候，反而就没人理他了。

在引用他人关键的语句时，用加下划线的方式来强调是最理所当然的。在引证（citation）的最末加上 emphasis added 可以显示出你是用强调的语法来写这段文字。如果你引证中的强调语法在原文中就有，不论原文是用斜体或加下划线的方式，就在引证的最末加上 emphasis in original。

如果把加下划线当作是提高音量，惊叹号就代表了大吼大叫。在法律写作里,惊叹号算是鲜少使用的一种符号。

八 使用惯用的字体

现在大部分的人都拥有功能精巧,内附多样化字型的文字处理器或打印机,律师当然也有这些机器,但他们大多不太愿意使用新字型。相反的,大部分的律师甚至继续使用最贵且最复杂的激光打印机,来打印法律意见书及律师答辩状。那是因为激光打印机印出来的字体跟传统打字机打出来的字体很类似,都是普通的罗马字体,这也表示罗马字体是律师们普遍接受度最高的字体。而加下划线的方法通常被拿来强调及引证,但斜体字以及如项目符号等图示则通常不被接受。

律师们开始使用的一种字体是粗体字,因为用粗体字来表示主要的标题(main heading,像是 ARGUMENT〔主张或争辩〕)及要点标题(point heading)是很适当的。不过,律师们尚未开始在法律意见书或律师备忘录的正文里面采用粗体字作为强调之用,加下划线仍是他们的最爱,那么你应该也要这么做才对。

九 只有当你的打印机能平均地隔开每个字时,才使用靠右对齐的排版

当文章的正文部分靠右对齐,代表每一行都平均地靠右。除非你的确有台好的打印机及文字编排软件能平均地将字隔开,否则不要轻易使用靠右对齐的排版方式,因为字与字间乱无章法或过多的空格会让你的文章显得难以阅读,而且还会扭曲了引证的部分,毕竟精确的编排位置对引证来说是很重要的。所以如果你的打印机或文字编排软件技术还很初级,那么请不要使用靠右对齐的排版方式。

十 不要靠字体大小、行距或页边空白作弊

阅读法律意见书及律师备忘录的人无非是律师、法官、法院书记员或教法律写作的老师。他们大部分时间都在花在阅读上,眼睛常常会很疲倦。因此,当他

们阅读法律意见书及律师备忘录时，想看到的是令他们阅读起来舒服，也就是行距、页边空白够宽，字体够大，正文不会塞满整个页面的文章。

为了不让你的读者失望，请检查你的打字机、文字处理器或打印机，以确定你的字型大小是设定在 10 到 11 之间，同时也请确定你的行距是设定成两倍行距，而且四边的页缘应该要留有一英吋宽的留白。你的读者能轻易知道你是否为了使法律意见书或律师备忘录控制在页数限制内，而在字体大小、行距或页边空白中作弊取巧，他们也不喜欢你这么做。法院或法学教授通常对字体大小、行距或页边空白都有规定。如果你违反了这些规定，他们可以拒绝接受你的法律备忘录或律师意见书，所以如果你所写的内容超过页数限制，那么请省略不必要的字。

十二 避免在一页的页底摆上标题

通常律师不会为了法律意见书中的某个段落而开始新的一页，他们大多会以律师答辩状中的引言部分开始新的一页，像是问题提出及引用文献表格（Questions Presented and Table of Authorities）。也有些律师会为律师答辩状中的事实陈述及主张（Statement of Facts and Argument）而开启新页，但不会为每个标题开启新页。

不论如何，请避免在一页的页底摆上标题。这个要求现代人比较难做到，因为电脑允许你在没意识到该分页的情况下继续打字，而中间插入资料也会改变原先的分页处，再加上打印机有时也会改变你在电脑屏幕上看到的分页处，所以你必须在打印前后逐行检查你的文件，以确定标题确实出现在你希望它出现的地方。如果在一个标题底下没有办法预留至少两行的空间，那么请将此标题移到下一页的页首，而且如果一个标题不在一页的页首，也请确定这个标题的上方留有一到两行的空间。

第三章　写作风格

十二　将段落的首行缩排

将每个段落的第一个字往内缩排五个字的距离,读者才能轻易找出每个段落的起始处。段落与段落间应该只留一行间距,且段落与段落间的间距宽度应该与一般两倍行距相同。

十三　擅于使用上标点

如果你跟我一样,顺利地通过高中和大学,结果却连如何适当地使用上标点都没学过,你可能就会因为一个字的所有格与复数(如 judge's 与 judges)发音相同而搞得晕头转向。不过,就算发音相同,你还是要用上标点来标明所有格。

基本的规则很简单,单数名词在字尾加上一个上标点及 s(如 party's)就变成所有格,而复数名词在字尾直接加上上标点就变成了所有格(如 parties'):

例 12

Each *party's* lawyer was present.

例 13

All the *parties*' lawyers were present.

然而上面所说的规则有一些例外情况。当一个复数名词不是以 s 结尾时,就在 s 前加上一个上标点,如 women's、men's。如果你不想在以 s 结尾的名词字尾,再加上一个 s 或 z 形成两个 s 的发音,你可以在这个名词形的词尾直接加一个上标点,如 Court of Appeals'。但如果你要在单数形的词尾再加上一个 s 或 z 形成两个 s 的发音,那么即使这个单数名词本身已经以 s 结尾,也请于这个词的词尾加上一个上标点及一个 s ,如 Congress's、witness's 。

当提到一位以上的同姓氏的家族成员而需使用上标点时,通常会使学生感到困惑。如果你提到的东西属于某个家族,而这个家族名是 Simpson 的话,请在这个姓氏的词尾加上 s,并在 s 后面加上上标点,如 the Simpsons' house（辛普森家族的房子）。

attorney's fees 及 attorneys' fees（律师费）的单复数写法都是可以接受的,除非你的某个案子所适用的法令对律师费单复数的写法有特别规定,否则当只有一位律师时,就使用 attorney's fees,而当有一位以上的律师时,则使用 attorneys' fees。

十四 不要太常使用斜线

不要用斜线自行创造出丑陋的新词:

例 14

Daly was a *professor/researcher* at Hamline University.

请试着使用一般常用词来造句:

例 15

Daly was a *professor and researcher* at Hamline University.

十五 避免 not 和 un 的结合

"美国国会在制定一九三八条款时'不是不知道'（was not unaware）性骚扰的问题。"请避免使用这样的说法,把"不是不知道"改成"知道"（was aware）会比较好。不要用"不是不熟悉"（not unfamiliar）这种说法,说"熟悉"（familiar）会比较好。

第三章 写作风格

十六 不要用眉批的写作风格来写作

不要省略定冠词 a 、an 和 the 。定冠词在眉批(headnote)、电报、标题及广告中通常都被省略以节省空间,例如:"Buyer of Toyota sued dealer for negligence."但除了极少数的英文散文外,眉批很少被当作具权威性的用法。在法律意见书或律师答辩状中,你有足够的空间写出真正的句子,所以你应该把定冠词放回去:"The buyer of a Toyota sued the dealer for negligence."你不会想让你的文章听起来像一部配音很糟的功夫片的。

十七 不要在民事案件中指称某人为骗子

说谎就是一种罪,而刑事被告通常是因为有罪才会遭到起诉,所以指控他们说谎就显得没有什么意义。但在民事案件中,除非是罪证确凿,否则指控某人为骗子是不适当的。你应改用较不具情绪性的替代说法来软化控诉的强度,如此一来也能贴近相关法令的用语,如 intentionally misrepresented(故意虚伪陈述)或 intentionally misstated(故意误陈)。

十八 不要用婉转、间接的言词谈论死亡

处理和死亡有关的事,对律师来说已是家常便饭。当你和某个痛失所爱的人谈话时,语带婉转也许还算合理,但在法律意见书或律师答辩状中,你就应该要对死亡这件事平铺直叙。例如死亡要用 death 而非 demise 来描述,一个人死亡则用 die 而非 pass away 或 expire 来形容[5]。不过像 deceased 与 decedent 这样

【词汇补充】

5. death, demise, die, pass away, expire 虽然词性不同,但都是"死亡"的意思,差别仅在于正式与不正式而已。

的名词形是可接受的,因为没有其他较白话的替代语可以使用。利用死者的名字,你往往也可以避开使用这些法律术语的机会。

十九 正确使用跟契约相关的词汇

请特别留意本段所介绍与契约(contract)相关但一般却被误用的字汇。如果要约(offer)[6]不被接受,这个要约就是被拒绝(rejected)而不是被否认(denied)。如果要约被接受,双方则开始(enter into)一份契约,而不是进入(enter)一份契约。你也能说缔结(contracted with)一份契约的双方就是缔约当事人(parties to a contract 或 contracting parties)。在过去,缔约双方被称为订约者(contractors),但现在 contractor 这个字只在建筑业才被使用。

contract 和 agreement 同样都是指"契约"。当双方同意开始一份契约,他们就订立了一份 express contract(明示契约)而不是 expressed contract 。如果一份契约没被白纸黑字地写下来,那么它就是一份 oral contract(口头契约),而不是 verbal agreement 。verbal 意思是 in words(以言辞表示),所以单就用法上来说,它在口头或书面契约中都行得通。

二十 称呼某物的用语应前后一致

elegant variation 指的是不断改变称呼某事物的用语,以使读者不至于感到厌烦。不断改变称呼某事物的用语也许在文学写作上有其优点,但在法律写作上则是不适当的,因为这么做会使读者分心,甚至感到混淆。下面的例子告诉我们,不要尝试这么做:

【词汇补充】

6. offer(要约)是指契约一方的行为或建议。经另一方承诺时,即可成立契约。要约的对象通常是特定人,但亦可以是不特定的多数人。

例 16

The Toyota entered the intersection after stopping at the stop sign. *The car* was accelerating when it was struck by the van. The impact caused *the vehicle* to roll over three times before coming to a stop upside down.

虽然例 16 的作者在同一个句子中所指的是同一台丰田车,但读者却很难确定是不是这样。所以,称呼某事物的用语请保持前后一致。当不只一次提到同一件事时,请使用相同的名称或同一个代词来称呼它,不要来来回回地在一方当事人(a party's name)、原告(Plaintiff)、被告(Defendant)的称呼间变来变去。如果你说你所考虑的因素有三个,那么请以"第一个要素"(The first factor)来开始第一段,并且不要在第二段一开头又改称"第二个考虑因素"(The second consideration),然后在下一段又以"第三个要件"(The third element)来起头,如果你在文章中使用要素(factor)这个词,那么请从头到尾都用这个词来代表同一件事。

有些学生认为,改变他们称呼某人或某事物的用语能使他们的写作不至于变得枯燥乏味,但如果所写的内容本来就很无趣,那么无论指称某事物的用语如何变化,写作本身无趣的问题还是存在。

七十一 保持平行

在一个句子中,类似作用的字或片语应该在文法上保持平行(parallelism):

例 17

Sally likes *swimming*, *walking*, and *running*.

这样的写法叫作平行。例 17 的作者做到了这点,因为莎莉喜欢的三样事都用动名词表达。"Sally likes swimming, walking, and to run."是不好的写法,因为有的词用动名词,有的却用不定式,形式不一致。

虽然文法上不要求有类似作用的句子一定要用平行的写法才算正确，但平行的写法能让你的文章架构更清楚。假设你要在四个连续段落中表达某个案件符合诈欺的四个要件：material misrepresentation（实质性的虚伪陈述）、intent（故意）、reasonable reliance（合理的信赖）及 damages（损害），那么每个主题句中一致的语法就可以使读者易于了解你的句法与论点：

例 18

The first element, material misrepresentation, is shown by …
The second element, intent, is shown by …
The third element, reasonable reliance, is shown by …
The fourth element, damages, is shown by …

改变句式会使文段解体并混淆论点：

例 19

Material misrepresentation, the first element, is shown by ….
The second element, intent, is established by ….
Reliance, which is the third element, is shown by ….
Fourth, the element of damages, is established by ….

你也应该在平行段落（parallel paragraph）的句子中保持平行。假设你要提交三位精神科医师对你当事人所作的三种不同检查结果，那么请以相同的句式来叙述：

第三章 写作风格

例 20

  Dr. Leah Rubinstien had been with the clinic for eight years. Dr. Rubinstien examined Smith three times. She diagnosed Smith as borderline psychotic.[7]

  Dr. Kenneth Chen had been with the clinic for six years. Dr. Chen examined Smith four times. He diagnosed Smith as manic depressive.[8]

  Dr. Andrea Wells had been with the clinic for twelve years. Dr. Wells examined Smith only once. She diagnosed Smith as schizophrenic.[9]

  这三段的第一个句子都是描述这位医师在这个诊所工作多久,第二个句子是描述检查的次数,第三个句子描述诊断。这样的写法能让读者更容易比较这三位精神病医师的差异处。

  "平行"能使段落与段落间的关系更明白。你应该在问题提出(questions presented)、要点标题(point heading)、案件描述(case description)间保持对应,因为一致的句型将有助于读者了解你的文章。"平行"甚至能够增加文章的力度,并使措辞更为优雅,例如民有、民治、民享(a government of the people, by the people, and for the people)。不过,平行主要是用来让你的思绪架构能够更为紧密,如此你的意念传达到读者那边时才不会显得零碎没有组织。

二十二 正确地使用大写

  不要将每个跟法律有关的字都大写。一般的大写规定是用在法律写作上的,而少数的特殊规定可在《蓝皮书:法律写作统一引注手册》(*The Bluebook: A*

【词汇补充】

7. borderline psychotic 边缘性精神异常的
8. manic depressive 患有躁郁症的
9. schizophrenic (a.) 患精神分裂症的

Uniform System of Citation，以下称《蓝皮书》）的实务人士笔记部分（practitioners' note）中找到，我将这些特别规则整理归纳如下：

法院（court）

当你提到美国最高法院（United States Supreme Court）或任何一个法院的全名时，court 这个字应该要大写：

例 21

That issue was decided recently by the Arizona Supreme Court.

当你提到一个你所强调的法院时，court 这个字也应该大写：

例 22

This *Court* should refuse to grant summary judgment.[10]

在其他情况下，court 这个字不应大写：

例 23

In Kelynack, the *court* held that sections 2-719(2) and 2-719(3) are interdependent.

诉讼的角色（litigation roles）

当诉讼的角色指的是案件的双方当事人时，它必须以大写表示：

【词汇补充】

10. summary judgment（简易判决）：此为美国特有的司法制度。在第一审程序里，当法官认为案子没有太大争议点时，双方当事人可以通过简易判决直接得到对案子的判决，不需进行到下一个复杂的程序，但会牵涉到"陪审团"制度。

第三章 写作风格

例 24

The *Defendant* in this case was properly served.

当诉讼的角色指的是被引证案件中的双方当事人时,就不用大写:

例 25

In Kelynack, the *defendant* was a motorcycle dealer.

有些律师在他们呈庭的文件中提到他们的当事人时,一概用大写字母来表示:

例 26

ALLIED STORES was not properly served.

像例26这样的写法是不必要的。

诉讼文件(litigation documents)

将你案件中所有诉讼文件的标题都以大写表示:

例 27

Plaintiff has failed to respond to Sportco's *Request for Production of Documents*.[11]

【词汇补充】

11. Request for Production of Documents(请求提出文件),是事实披露(Discovery)的方法之一。除"请求提出文件"外,事实披露的方法尚包括书面询问(Interrogatories)、书面证词(Depositions)、询问(Examinations)、承认(Admissions)。事实披露程序:在美国民事诉讼上是指法院审判前,一方当事人由他方取得与案件有关的证据资料的程序。

诉讼文件非正式的相关资料不需以大写表示：

例 28
Plaintiff has failed to respond to Sportco's *document requests* .

政府部门名称（governmental names）

提到政府部门、官员或法案的名称的时候，通常你只要提它的简称，并将这个简称以大写表示就可以了：

例 29
Appeals must be brought before the *Department of Human Services* . If the *Department* refuses to reinstate the benefits, the recipient can bring a civil action.

同样地，Commissioner of Human Services（民事服务厅厅长）的简称会变成 Commissioner，而 Animal Welfare Act（动物福利法案）的简称会变成 Act。

二十三 不要将地名以缩写表示

《蓝皮书》表 10（table T.10）中所列的地理名词的缩写只适用在引注而不适用在文章正文。你应该拼写出国家、州、郡及城市的全名，例如用 Los Angeles 来代替 L.A.，以及用 Flagstaff, Arizona 来代替 Flagstaff, AZ.。除非你把 United States 当形容词使用，像是 U.S. economic policy，否则若 United States 当名词使用时，你应将 United States 拼写完整而不是只写 U.S.。此外，街名也要用全名表示，例如用 Torgerson Street 来代替 Torgerson St.，或者用 Walker Boulevard 来代替 Walker Blvd.。

但你可省略地名中不必要的字，像是 the state of California 就有三个不必要

第三章 写作风格

的字，你可以简单地以 California 表示，但是保留像 the state of X（某州）或 the city of X（某个城市）这样的写法乃是为了与其他名称相同的东西作区别，例如"Sportco is the largest retailer of sporting goods in *the state of New York.*"（Sportco 是纽约州中最大的运动用品零售商。）

二十四 以适当的形态来表示数字

《蓝皮书》第 6.2 点提到了法律写作中数字的使用。通常你应该将 0 到 99 的数字用英文字母而非阿拉伯数字拼写。还有，你也可以将 hundred（一百）及 million（百万）这种整数用英文字母来拼写。如果一个句子的第一个字是数字，你也必须以英文字母拼出来。所以当你碰到一个像一九四五这种不好用英文来拼的字的时候，你就不要把它放在句首。

如果你在文章中不断地提到金额及百分比，那么，请将这些金额及百分比以阿拉伯数字表示。当你以阿拉伯数字来表示金额，那么也请一并使用金额的代表符号 $ 等，像是 $4,500，而不是 4,500 dollars。当你以阿拉伯数字表示百分比时也一样，百分之五十八请写成 58%，而不要写成 58 percent。此外，金额若是整数，就不用把小数点及其后两个 0 给写出来，例如一万美元要写做 $10,000，而不是 $10,000.00。

在做引注时，请用序数的缩写来表示法院的名称，像是 8th Cir.（第八巡回法院），然而在正文中，整个序数都应该拼写出来，如 Eighth Circuit.。

律师通常在合约中会同时使用英文字母及阿拉伯数字以避免错误发生：

例 30

The buyer shall make four equal payments of *one hundred thousand dollars* （$100,000）each.

但请注意，不要在法律意见书或律师答辩状中同时使用英文字母及阿拉伯数字。

二十五　学着叙述时间

不知道为什么，叙述时间时总是容易出现一些赘字。请使用下列等号右边的单一字母来替代左边冗长的复合介词：

prior to = before（在……之前）
subsequent to = after（在……之后）
as of this date = today（今天）
at a time when = when（当……的时候）
at the present time = now（现在）
at this point in time = now（现在）
at that point in time = then（那时）
during the period when = when（当……时候）
not later than = by（在……之前）
until such time as = until（直到……时）
up until = until（直到……时）
two days before tomorrow = yesterday（昨天）

请使用下列等号右边的单一字母来替代左边冗长的字句：

advance planning = planning（计划）
advance warning = warning（警告）
continue on = continue（继续）
early on = early（早）
later on = later（之后）
now pending = pending（审理中的）
past experience = experience（经验）
predict in advance = predict（预测）

第三章 写作风格

日期(dates)

法律意见书或律师答辩状中的日期是不以缩写表示的。1992年11月13日应该写做November 13, 1992, 而不是Nov. 13, 1992或11/13/92。有些写作专家喜欢13 November 1992这个写法，因为这样可以不靠逗号就将数字给区隔开来，但在法律写作中很少有人使用这种日期的写法。

不要在日期中加入不必要的字，像是November 1992的写法就比November of 1992好，而November 13, 1992的写法也比the 13th day of November, 1992好。如果你能确定日期，那就不要使用像on or about(在哪一天或大约在哪一天)这种过于正式的片语，用on比较好。最后，不要使用像on the day in question(该日子)这样的用法，应该说on that day(在那天)、on the day of the robbery(在抢案发生那天)、on Thursday(在星期四)、on November 13(在11月13日)等诸如此类的用法。

避免在文章中提到太多的日期，否则会让读者摸不着头绪。当你在重述某些事实的时候，只要提供其中第一个事件发生的完整日期就可以了。如果可以由正文中了解到，接下来发生的事件跟第一个发生的事件发生在同一年，那么就可将之后这些事件的发生年份省略不提：

例 31

Valdez left Los Angeles by car on April 12, 1992. On April 22, he reached Miami.

省略描述第二个事件发生的完整日期的另一个方法是，让第二个发生的事件跟第一个发生的事件扯上关系：

例 32

Valdez left Los Angeles by car on April 12, 1992. Ten days later he reached Miami.

当事件确切发生的日期不是很重要的时候,尽量采用例32 那种写法。然而,当你提到一个截止期限时,那就一定要写出确切的日期了。举例来说,你在信中就不能说"You have ten days in which to accept this offer."(你有10天的时间考虑接受这个要约。)哪10天?寄件当天后的10天?还是收件后的10天?10天是指10个工作日吗?如果日期很重要,你就应该避免把日期说得不清不楚:

例 33

If you want to accept this offer, I must receive a written acceptance[12] from you at my office before 5 p.m. on August 17, 1992.

如果受要约人在不同的时区,则加上 Eastern Standard Time(东部标准时间)或其他诸如此类的字。

一天中的时间(time of day)

要提到时间,一般来说最常使用 a.m.(上午)和 p.m.(下午)这种缩写的用法,但 A.M. 和 P.M. 也同样是可接受的。不过不管你用两种里面的哪一种,前后用法都要保持一致。你也可以使用 o'clock(……点钟)来代替上午或下午的用法,但不要像 four o'clock a.m.(早上四点钟)这样将 o'clock 和 a.m. 或 p.m. 混着一起使用。像 four a.m. in the morning(早上四点钟)这样的用法是累赘的,如果从正文就可以看出来时间,那么说 at four(四点)就好了。

不要把已经说得很清楚的时间又弄得不清不楚,例如 approximately 4:03 a.m.(大概早上四点三分),你应该改说大概早上四点到五点才对。除了 approximately,你也可以使用 about 来表示某事"大概"发生在什么时候,而且拼起来字数还比较少。

【词汇补充】

12. acceptance(承诺):受要约人(offeree)完全接受对方的要约,即可达成协议。承诺的方式可以口头、书面或行为表示。

第三章 写作风格

跟避免在文章中提到太多的日期让读者困惑的道理相同,你也应避免提到太多一天中的时间而让读者混淆。如果可能的话,尽量让时间彼此之间有关联性,例如 ten minutes later(十分钟后)、earlier that evening([已过去的]那天傍晚稍早的时候)等。

二十六 避免使用涉及性别歧视的语法

若纯论文法的正确性,用 he、him 及 his 这样的男性的单数代词来通称男性与女性是没有错的,但这被认为是涉及性别歧视的用法,因为这会助长大家习惯性地认为,当提到人类(human being)时,想到的是男性的代词,而不会想到人类同时包含了女性这种性别。对于那些用眼睛来思考的读者来说,看到男性代词的出现会让他们一时之间觉得这就是在讲男性。请用下面这个句子作个自我测试:

例 34

A lawyer should zealously represent his client.

现在,请快速反问你自己,你心中对上面这个律师持怎样的看法?

由于不满几个世纪以来性别歧视的语言(sexist language)一直在助长对于女性的压迫,许多法律学术写作的作家在提到男性或女性的时候,开始选择女性的单数代词,或是在男性或女性的代词中择一,以作为两性通用的代词。这种语言平反运动自是理所当然,不过却会让读者因此茫然,甚至创造出像 he/she(他/她)及 s/he 这样丑陋的字。请不要用这种字,同时你也应该避免像例 35 这样的写法,在应该使用单数代词时使用 their:

例 35

A lawyer should zealously represent *their* client.

their 是复数的所有格,所以使用这个字的前提是,之前必须出现过复数的名

39

词 they。例 35 中使用 their 是错的,因为先前出现的名词 a lawyer 是单数。

下面是一些避开使用性别歧视的语言,以免冒犯或影响到读者的使用方式:

把代词拿掉:

例 36

A lawyer should zealously represent *the* client.

转换成复数:

例 37

Lawyers should zealously represent *their clients*.

转换成第二人称:

例 38

As a lawyer, *you* should zealously represent *your* client.

使用 his or her:

例 39

A lawyer should zealously represent *his or her* client.

在某些情况下,还有一些其他的技巧也是可行的,像用中性的代词(one's)来替代,把这个名词重写一次,改用被动语态表达,或把整个句子重写一遍都可以。没有任何一个技巧能适用于所有的情况,所以当你无法流畅地描述一个句子时,将前面这四种方法都试试看,来选择最合适的用法。像 his or her 那种增加字数的麻烦手段,就留到别无选择的时候再用吧。

古老的法律原则谈论到 the reasonable man 时隐含着一个问题,你应尽可能

第三章 写作风格

将它改写成 the reasonable person 比较妥当。如果你必须引用,你可以将 person 加上双引号来代替 man。或者你可保留引用的原文,然后在后面提到所引用的规则时使用 person 替代 man。这样的对照写法可以点出问题,而且还不会破坏你的法律意见书或律师答辩状的流畅性。另一方面,引用中如果在 man 之后加上[sic],会显得累赘而不流畅。请将本段所介绍的原则,加以延伸并应用到所有使用到男性代词的古老规则或法令。

其他大部分涉及到性别语言的问题并不难解决。你可以使用中性的名词来代表工作头衔,像是以 police officer(警官)替代 policeman 或 policewoman,或者使用 humankind(人类)、the human race 或 human beings 来替代 man 或 mankind。此外,不用称呼敬语,你就可以省下决定到底要用 Mrs.(夫人)、Ms.(女士)、Miss(小姐)或 Mr.(先生)的麻烦,如果你必须使用称呼敬语,那么就请在每个你提到的人名之前都加上敬语。

第四章 用法
Usage

第四章

本章包含法律写作中时常遭误用的一些字：

1　accrue（增长）、**incur**（招致）

accrue 通常有一个正面的涵义，像是钱存在银行中会生利息；incur 通常有一个负面的涵义，像是招致责任、费用或损失："Sportco's failure to perform the contract caused Chen to incur [not accrue] losses of over a million dollars."

2　admission（承认）、**admittance**（准许进入）

在联邦证据法中，admission 指的是一方当事人所作的陈述，不论这些陈述有利或有害；而 admittance 只跟进入有关。

3　affect（影响）、**effect**（结果）

这两个字时常被搞混，affect 通常被当作动词使用，表示 to influence（影响）的意思：

例 40

The statute will *affect* corporations formed after 1993.

而 effect 通常当作名词使用，表示 result（结果）或 the condition of being in force（有效的状态）：

例 41

The statute will have a harmful *effect* on corporations.

例 42

The statute does not take *effect* until 1993.

4 allude（略为提及）、refer（提及）

to allude 某事，意思就是间接 refer to 这件事，而没指明是哪一件事。

5 and 、&

除非 & 是一个事业名称或专业组织的一部分，否则使用 and 这个字，而不要使用 & 这个符号。

6 and/or

避免使用 and/or 这个语句结构，因为它的意思不明确，而且丑陋。通常单独使用 and 或 or 就能将语意表达清楚。如果你怕语意被误解，你可以使用 A or B or both（A 或 B 或 A、B 两者）的结构。这个语法结构在多数关于犯罪处罚的法令中被使用：

例 43

A misdemeanor[1] is punishable[2] by a fine[3] of up to ＄700 or 90 days in jail or both.

但例 43 能被简写成"A misdemeanor is punishable by a fine of up to ＄700 and 90 days in jail."而不产生任何混淆，因为前面句子中的 and 包含 or 的可能性。只有当这个法令规定"A misdemeanor shall be punished by a fine of ＄700 and 90 days in jail."时，才会被理解成这个法令同时要求罚金及监禁。你将发现，当你认为你需要使用 and/or 这个结构时，单独使用 and 或 or，其实就能将语意表达清楚。

【词汇补充】

1. misdemeanor（n.）轻罪
2. punishable（a.）可处罚的
3. fine（n.）罚金

第四章 用法

7 apply（应用）

你 apply rules（法律原则）到 facts（事实）中，而不是反过来。

8 arguable（可辩论的）、arguably（可争辩地）

当形容一个争点是 arguable 或 arguably，意思是明理的人对此争点能有不同看法。所以，一个 arguable 的立场不是一个强有力的立场，只是一个倡导者可争论的立场。这两个字也时常被用来指称某未决议的争点：

例 44

Although Garcia was *arguably* negligent, the statute of limitations has run.

9 assure（保证）、ensure（使确定）、insure（确保）

to assure 是保证的意思：

例 45

The defendant's lawyer assured the court her client would be present[4] at the hearing.[5]

to ensure 或 to insure 是确保某事会发生：

例 46

To *ensure* [or *insure*] the defendant's appearance[6] at the hearing, the court ordered bail[7] set at $100,000.

【词汇补充】

4. present（a.）出席的
5. hearing（n.）审讯；听证
6. appearance（n.）出席
7. bail（n.）保释金

47

10 because（因为）

因果关系在法律分析及法律写作中是不可缺少的。because 最能直接明白地表现出因果关系。since 虽然和 because 同义，但在时间因果关系上的表达不像 because 那样直接清楚。as 是 because 不好的替代语，因为 as 除了"因为"的意思外，也有 while（和……同时）或 when（当……的时候）的意思，容易造成混淆，例如："The court enjoined the demonstration as the demonstrators entered private property."（当示威者进入私人住宅时，法院禁止这场示威运动。）for 也是 because 不好的替代语，因为读者预期 for 被当作一个介词而非连接词来使用。inasmuch as（因……之故）、in that（因为）、in light of（根据）、being that（因为）、due to the fact that（由于事实是……）和 in view of the fact that（有鉴于……的事实）虽然都有"因为"的意思，但都不像 because 能简洁且强而有力地表达因果关系。

The reason … is because（……理由是因为……）这种写法是累赘的，应写成 The reason … is that（理由是……）。而 The reason why（理由为何……）也是累赘的写法，例 47 是 The reason why 被错误使用的例子：

例 47

The reason why the statute does not apply *is because* a skateboard is not a motor vehicle.

把例 47 中多余的词拿掉，就变成了例 48：

例 48

The reason the statute does not apply *is that* a skateboard is not a motor vehicle.

但例 48 可以用一个更简单的词 because 来表达，如例 49 所示：

例 49

The statute does not apply *because* a skateboard is not a motor vehicle.

11 car（车子）

由于错误观念的引导，使得警官认为在正式场合中使用平易的英文是不适当的。而这些警官更因为在某些场合中为 exited the vehicle 作证而出名。如果是一辆车，那么请用 car ，而不要用 automobile（汽车）或 a vehicle（交通工具）来称呼它。另外，请注意在平易的英文中，下车的写法是 get out of the cars ，而非 exit the cars 。

12 clearly（清楚地）

clearly 时常是分析（analysis）或辩论（argument）的不合语法的替代语。而 clearly 的同义词（certainly 、obviously 、surely 、patently 、manifestly）[8]等，及其同义的连接词片语（it is clear that 、it is obvious that）[9]等也有同样的问题。abundantly clear（充分清楚）使问题更加恶化。所以与其说某事 it is clear ，还不如直接将某事形容清楚。

13 communication（讯息）

不要把 communication 当作一个模糊的替代词来使用，如例 50 所示：

【词汇补充】

8. certainly（确定地）、obviously（明显地）、surely（确定地）、patently（明白地）、manifestly（明白地）
9. it is clear that（……是清楚的）、it is obvious that（……是明显的）
10. communication（n.）讯息
11. complain（v.）抱怨
12. defective（a.）有缺陷的

例 50

Reese then received a *communication* [10] from Lim complaining[11] that the goods were defective.[12]

相反地,要特定:

例 51

Reese then received a letter from Lim complaining that the goods were defective.

14 contact(接触)

当你确实知道什么事发生时,请避免把 contact 当作一个模糊的替代动词来使用,如例 52 所示:

例 52

Lim then *contacted* Reese and complained that the goods were defective.

相反地,要特定:

例 53

Lim then *wrote* to Reese and complained that the goods were defective.

15 criteria 、criterion(标准)

criteria 是复数,criterion 是单数:

例 54

The court articulated[13] three *criteria* for determining a person's competence[14] to contract. The first *criterion* was whether the person understood the nature of the transaction.[15]

16 desires（渴望）、wants（想要）

desires 当动词用时，意思是对某种东西像性或 Häagen-Dazs 冰激凌有强烈的憧憬或渴望，当你的意思是 wants 时，不要把 desires 当动词用，当你正谈论到法人或其他非自然人的实体时尤其要注意。

17 dicta、dictum（意见）

dicta 是 dictum 的复数，意思是法院以书面意见呈现少数法官的论点或评论。因为 dicta 是名词的复数形式，所以必须跟复数动词搭配使用：

例 55

The court's *dicta* in Florenzano *have* no effect on the traditional rule of fraud in this state.

dictum 前面通常不需要有定冠词：

例 56

The court's statement in Hill quoted by Appellant is *dictum* ［not a *dictum*］.

【词汇补充】

13. articulate（v.）明白地表达
14. competence（n.）资格
15. transaction（n.）交易

18　disinterested（公平的）

disinterested 跟 impartial、unbiased 都是"公平的"意思，然而 disinterested 时常被误认为是 uninterested（不感兴趣的）的意思。一位 disinterested 的法官会有开阔的心胸听取双方当事人的意见，但一位 uninterested 的法官则对听取双方当事人意见毫无兴趣。

19　facility（设备）

不要使用 facility 来指称所有的建筑物，你应该使用一个特定的名词像 hospital（医院）、school（学校）、plant（工厂）、prison（监狱）等来称呼这栋建筑物。

20　fired（被解雇）

在平易的英文中，说一个人被解雇是指他失去工作，说一个人被 terminated 像夸张的戏剧性讲法，而说一个人被 discharged 是军方的讲法。除非规则或法令中提到 wrongful termination 或 wrongful discharge[16] 时才用 terminated 或 discharged，否则你应使用 fired 来形容一个人被解雇，特别在事实陈述（Statement of Facts）的部分。如果你正谈论到某事而非某人，像合约时，使用 terminate 是适当的。

21　first、firstly（第一；首先）

当你要列举数个论点时请使用 first、second，而不要使用 firstly、secondly 等[17]。而且请不要以 First of all 开始一个句子，因为这会使你听起来显得急躁。

22　former（前者的）、latter（后者的）

使用这两个词的主要问题是，当读者看到这两个词时，往往需要回头找 former 或 latter 代表哪个名词或哪个句子，而你只要将前面提到过的名词或句子再写一次，就能避免造成读者的困扰。

【词汇补充】

16. wrongful termination, wrongful discharge 都是"不正当解雇"的意思。
17. first 跟 firstly 都可当作副词来使用，都是"首先"的意思。建议你使用 first 替代 firstly，因为法律写作的原则是愈简洁愈好。

23 ground、grounds（理由）

这两个词意思都是单一的理由或基础："Chen refused to perform on the *ground* that the contract was illegal." "Chen refused to perform on *grounds* that the contract was illegal."（Chen 拒绝履行这份合约的理由是因为这份合约是违法的。）

24 guilty（有罪的）、innocent（无辜的）、liable（负有法律责任的）

guilty 应被用来指那些被判定有罪的罪犯。不要用 guilty 这个词来指那些在民事案件中应负法律责任的人。不要像例 57 这样写：

例 57

The jury[18] found Dr. Garrote *guilty* of malpractice.[19]

而应写成：

例 58

The jury found Dr. Garrote *liable for* malpractice.

或说：

例 59

The jury found Dr. Garrote *had committed* malpractice.

在刑法中，guilty 的反义词不是 innocent，而是 not guilty 。一个 not guilty 的裁决意谓陪审团相信，这个控告不具合理的怀疑基础，所以不能证明被告有罪。但 not guilty 的裁决不一定表示陪审团相信这个被告是无辜的。

【词汇补充】

18. jury（n.）陪审团
19. malpractice（n.）〔医师的〕不当治疗

25 imply（暗示）、infer（推断）

to imply 是间接表达、暗示的意思，to infer 是由一个证据来下结论，是"推断"的意思。这两个词并不可替换使用。演讲者或作家 implies，而听众或读者 infers：

例 60

The court *implied* in its opinion that it might have reached a different result if the plaintiff had been a consumer instead of a commercial buyer.

例 61

The court *inferred* from the language of the statute that the legislature[20] intended[21] to treat consumers and commercial buyers differently.

26 in question（该〔人、事〕）

这个片语时常是不清楚且多余的。例如你谈论过数个不同的合约，那么 the contract in question（该合约）这个说法比 the 1991 contract（一九九一年的合约）、the employment contract（雇佣契约）、The MCA contract（MCA 合约）或其他的说法更不清楚。如果你只谈论过一个合约，那 the contract in question 会显得多余。

27 in terms of（就……而论）

这个意思模糊又冗长的介词短语被演讲者或写作者滥用的频率极高。有些人偏爱使用这个短语，而不管文章的前后文是否能跟这个短语相容。

只有极少的情况下你才真正需要描述一件事情 in terms of 另一件事情，在百分之九十九的情况下，in terms of 只是一个草率的连接词：

【词汇补充】
20. legislature（n.）立法机关
21. intend（v.）意欲，打算

例 62

A deposition is an effective tool *in terms of* discovery.

你能使用诸如 at 、in 或 for 这样简短的介词来替代 in terms of 这个用法：

例 63

A deposition is an effective tool *for* discovery.

或者你也可以将句子重写一遍以避免使用 in terms of：

例 64

A deposition is an effective discovery tool.

28 may 、might（也许）

may 和 might 能涵盖所有从现在开始发生的事件："The car *may* [or *might*] explode."（这台车也许会爆炸。），但只有 might 能涵盖过去式的事件。如果你正谈论到某人过去相信某件事可能发生，你必须使用 might："He thought the car *might* [not *may*] explode, but it did not."（他认为这台车可能会爆炸，但事实上并没有。）

may 究竟意指 is permitted to（被允许）或 might（也许）有时候并不很清楚："The court *may* enforce the contract."（这个法院被允许/也许能执行这个合约。）而 may not 也有同样的问题："Reese *may not* ignore the contract."（Reese 也许不被允许/不能将这个合约置之不理。）你应尽量避免这些模棱两可的用法。

29 monies[22]（钱）

避免使用这个古老的词。money 这个词总是可以用来取代它。

【词汇补充】

22. monies 是 money 的复数。

30 moot（未决议的）

在一般的文章中，moot question 指的是 debatable（有争议的、未决定的）或 open to doubt（争论中的）的问题，但在法律文章中 moot question 指的是不再具法律重要性的问题："The court's decision that the defendant was not liable rendered the damages issue moot."（法院决定被告不用对这损害负责，使得这个损害的议题勿庸再议。）而 moot court 是实习法庭的意思。

31 motion（请求）、move（请求）

诉讼当事人为某事 moves 或 makes a motion（提起一个请求），像是请求简易判决（summary judgment）。诉讼当事人不会 motion for summary judgment，因为 motion 只当作名词使用。而诉讼当事人也不会 move the court for summary judgment，因为 court（法院）不能作为 move 的直接受词，所以你必须这样写：moved that the court grant summary judgment.（请求法院给予一个简易判决。）

32 of course（当然）

当你在文章中谈论到技术方面的事情时，of course 听起来像是较谦逊的用语，例如："Of course, assets exempted from section 1402(a) are included under section 1402(b)."（当然，1402(a) 款免除的资产包含于 1402(b) 款中。）因为你很难确定究竟读者对文章内容了解多少，所以最好避免使用 of course 这个片语。

33 prove（证实）、show（陈述）

事实是被 proved（证实）的："McKinsey can prove the light was red."（McKinsey 能证实灯当时显示红灯。）而法律结论（legal conclusion）不能被证明，法律结论是被 shown（陈述）的："Sobel can show [not prove] section 2-209 was not designed to cover her situation."（Sobel 能表明她的情况不适用第 2-209 款。）has proved（已经被证实）的用法比 has proven（已经被证实）好："The State has proved [not proven] Sikes was at the scene of the murder."（这州已证实 Sikes 事发当时在谋杀案现场。）

34 purchase（购买）、sale（销售）

一个交易能从两方面来观察，从卖方人的观点交易是一个销售（sale），而从

第四章 用法

买方人的观点交易是一个购买(purchase)。下面的例子会带给买方人错误的印象:

例 65
Although Mahoney moved in on January 1, he still owed Neville $80,000 for the *sale* of the house.

因为 Mahoney 是买方人,所以应该说他因为"购买"了这栋房子(for the *purchase* of the house)而欠 Neville 钱。

35 represents(代表)

当你指的是 is(是)的意思时,不要使用 represent 这个字。一位参议员在国会中代表一个州,一个国旗代表一个国家,但在下面这些例子中的 represent 却跟"代表"没有关系:

例 66
Hill *represents* the first case in which the court recognized a cause of action for wrongful life.

例66 的句子应该写成:

例 67
Hill *is* the first case in which the court recognized a cause of action for wrongful life.

36 respective(分别的)、respectively(分别地)

这两个字不是令人感到困惑就是显得不必要。在下面的例子中,读者因不知道 respectively 指的是哪一位辩护律师帮哪一方当事人辩护而感到困惑:

例 68

At trial, John Mendoza and Beverly Wong represented Costco and Rolling Soles *respectively* .

你应该将句子表达清楚：

例 69

At trial, John Mendoza represented Costco and Beverly Wong represented Rolling Soles.

下面例子中的 respective 显得多余：

例 70

Both parties dismissed their *respective* claims.

例 70 中的 respective 显得多余，因为双方当事人除了能撤回自己的主张，还能撤回谁的？

37　said（说）

最简单的表达某人说某事的方式是，他或她 said 这件事。比 said 更正式的替代语是 stated（陈述）。如果你打算使用其他的替代用语来代替 said，请选择精确的字。下面所列的每个字都有它本身特定的意义及言外之意，所以不要将这些字跟 said 替换使用。

- *admitted*（承认）：说某事损害说话者的立场。〔尽管在证据法（evidence law）中，admission 从技术上来说是反对方所说的任何事。〕

- *advised*（建议）：给忠告或建议。"Attorneys for Van Buskirk advised him to drop the suit."（Van Buskirk 的辩护律师建议他撤回起诉。）

- *alleged*（声称）：述说某件还未被证实的事。"Norwest *alleged* in its

第四章 用法

Compliant that it gave the employee handbook to all new employees."（Norwest 在诉状中声称该公司将员工手册给予了所有新进员工。）

- *asserted*（主张）：强有力地或大胆地述说某事。"Beck *asserted* the counterclaim was barred by the statute of limitations."（Beck 主张反诉被时效禁止。）

- *claimed*〔（根据权利）要求〕：声称某事的权利："Kozo *claimed* half of the property under his father's will."（Kozo 要求分得他父亲遗嘱中一半的财产。）或主张某事："Gold *claimed* he struck Rork in self-defense."（Gold 主张他因为自卫才攻击 Rork。）

- *contended*（辩论）：在法律争论中陈述一种立场。"The State *contended* that the line-up did not prejudice Chen's rights."（州辩称这种安排并没有损害 Chen 的权利。）

- *disclosed*（透露）：述说先前因正当理由而不被大众知悉的某件事。"Senator Andrews *disclosed* she had decided not to seek re-election because of poor health."（参议员 Andrews 透露她因为健康因素不打算寻求连任。）

- *indicated*（指出）：间接说或间接沟通某事（*indicated* 是最常被误用来代替 said 的字）。

- *informed*（通知）：传达信息给他人或给他人一个正式通知。"Field *informed* IBM the computer was defective in a written notice dated October 6, 1989."（Field 在1989年10月6日的书面通知中通知 IBM 这台电脑有瑕疵。）

- *represented*（表示）：主张某事是真实的,特别是有关说话者要销售的某物。"The seller *represented* to the buyer that the house had never had water in the basement."（卖方对买方表示这栋房子的地下室从不曾积水。）

- *revealed*（揭露）：说某件先前不被知悉的事。"The company *revealed* it had shut down the reactor twice because of malfunctions in the cooling system."（这家公司揭露，因为冷却系统故障所以曾经关闭反应炉两次。）

- *stipulated*（讲明）：在法庭前对某事表示同意，例如同意某个在审判时具争议的事实："The company *stipulated* Desnick was acting within the scope of her employment."（这家公司说 Desnick 所做的事并未逾越她的职权。）或在一份合约中对其中某几项表示同意。

- *testified*（作证）：在审判或讯问中宣誓。

不要将上面这些词的动、名词形，如 allegation、contention、stipulation 等交替使用，因为这些词的名词形与其动词形有相同的涵义。

当你提到你自己或你的当事人所说的话时，不要使用 alleged、asserted、claimed 或 contended 这些词，除非你正述说一个程序上的论点，像是"Gold has properly *alleged* a fraud claim in his Complaint."（Gold 在诉状中适当提出一个诈欺的主张。）这些词通常意味着说话者所说的是错的。所以当你提到诉讼另一方的论点时应该使用这些词，对方 alleges（声称）某事，你的当事人 states（陈述）某事。

最后，said 若当形容词用就纯粹是法律用语："Chen signed *said* contract on April 10, 1992."（Chen 在 1992 年 4 月 10 日签署前述的契约。）你应使用平易的英文来代替 said 这个词，"Chen signed *the* contract."（Chen 签署了这份契约。）

38 that

that 通常是一个多余的词，当句子中没 that 也能将意思表达清楚时，就将这个字省略，例如"The witness testified *that* the light was red."（这个证人作证说灯当时显示红灯。）在这个句子中 that 被省略句意也不会改变，但要注意，当省略 that 会误导读者时，应将 that 保留，像是"The judge believed the defendant violated the statute."（法官相信被告违反了这个法令。）这个句子直到 violated 看起来都有利于被告，但自 violated 之后的字会引导读者往相反的方向思考。所以最好是这样写"The judge believed *that* the defendant violated the statute."

第四章 用法

39 the fact that（事实是……）

大部分关于写作的书都会建议读者避免使用这个短语,因为它过于冗长。而另一个避免使用这个短语的理由是,什么是事实通常会引起激烈的争论。所以你应该只在 the facts 不会引起争议的情况下使用 the fact that 这个短语:

例 71

The fact that the court gave a limiting instruction prevented the jury from being unfairly prejudiced by the evidence.

通常你也可以将一个句子重写以避免使用 the fact that :

例 72

The court's limiting instruction prevented the jury from being unfairly prejudiced by the evidence.

冗长的 despite the fact that（尽管这个事实是……）能被 although（虽然）取代。

40 timely（及时的）

timely 能当作形容词使用:

例 73

The defendant made a *timely* motion for a new trial.

timely 也能是副词:

例 74

The defendant *timely* moved for a new trial.

像例 74 这样把 timely 当副词使用的写法,许多人也许会不习惯,因为我们潜意识中预期形容词词尾加 ly 就变成副词,像是 slow 和 slowly ,但 timely 词尾加上 ly 会变成 timelily ,这是老式的用法。如果你不习惯把 timely 当副词用,那就把它当形容词来用,像例 73 这样写,但应避免使用像 in a timely manner(及时地)或 in a timely fashion(及时地)这样过于冗长的短语。

41 true facts(真实的事实)

true facts 通常被认为是赘文,因为只有"真"的事实,没有"假"的事实。然而在诉讼中双方都提出不同的事实的版本。因为双方的说法不能都是真的,所以有些律师相信区别 true facts(their facts〔他们这方的事实〕)跟另一方的 facts 是必要的,但在诉讼过程中 facts 代表的只是 alleged facts(声称的事实)。在另一个五十年后,true facts 也许将变成不够精确的用法,所以我们必须开始以 the really true facts(真正真实的事实)来讲述我方的论点。然而最佳的用法仍是使用没有任何修饰语的 facts 来表示"事实"。

42 whether(是否)

whether 似乎是多余的字。当用到 whether or not 这个短语时,你通常可以将 or not 省略:

例 75

Jurisdiction depends on *whether* [not *whether or not*] the accident occurred within the state.

而 the issue as to whether(至于这个争议是否……)这个短语应该简写成 the issue whether 。类似的短语像是 the question as to whether(至于这个问题是否……)也应将其中的 as to 省略。

43 widget

widget 不是指机械里的某个部分,它是一时想不起名称的某个东西的代词。

44 with respect to(有关)

避免使用 with respect to 这个语意模糊又冗长的片语。律师在其呈庭的文件

中时常使用到这个片语,可能因为他们相信用 respect 来点缀文章将潜意识地唤起法官赞同的回应:

例 76
The court's finding *with* respect to intent should be reversed.

跟 in terms of(就……而论)一样,with respect to 常能被一个字的介词取代:

例 77
The court's finding *on* intent should be reversed.

你也能将句子重写以避免使用 with respect to :

例 78
With respect to my feelings for you, I have experienced ones of a loving nature.

变成:

例 79
I love you.

第五章 拼法

Spelling

第五章 拼法

第五章

本章包含法律写作中时常被拼错的词。拼字检查程序虽能找出某些错词，但却无法发现下面所列举的听起来或看起来相似的词。而且，有许多时候，像考试的时候，你将无法使用拼字检查程序。所以请花些时间将本章读完。

1 **admissible**(有资格进入的)、**permissible**(可允许的)、**reversible**(可反转的)

上面三个字都以 ible 结尾。有一次当我在 Lexis[1] 上作搜寻时，因将 admissible 拼成 admissable，因而在屏幕上出现没有搜寻到任何一篇文章的信息。我会将这个字拼错是可以理解的，因为我将 admissible 想成 able to be admitted (能够被允许进入的)，但好的逻辑观念不一定就能将字拼对。

2 **advice**、**advise**(建议)

advice 是名词："Get the *advice* of a lawyer before you sign a contract."(在你签一份合约前先取得律师的建议。) advise 是动词："Lawyers who handle drunk-driving cases sometimes *advise* their clients to refuse to take a breath test."(处理酒醉驾车案件的律师有时候会建议他们的当事人拒绝酒测。)

3 **alleged**(声称的)

你可能时常会将 alleged 当作形容词或动词来用，意指诉讼另一方所说的某件事，如 the *alleged* violation(所声称的违反)、"Sobel *alleged* the computer did not work."(Sobel 说这台电脑坏了。) 等。allege 的结尾是 lege，跟 knowledge 不同。knowledge 的结尾是 ledge，多了一个 d。因为某人是根据你所说的，而非根据这人对事实的了解来 allege 某事，这应能提醒你 allege 跟 knowledge 这两个字拼法的不同。

【词汇补充】

1. Lexis 系为美国两大商业电子法学资料库之一，另外一家为 Westlaw。在其个别的系统中，从事研究者皆可搜寻到各式各样的法学资料，如判决、制定法、法学期刊，以及国际条约等，但不论是 Lexis 或是 Westlaw，皆须付费才能使用。

4   appealed（上诉的）

appeal 过去式的拼法是 appealed，只有一个 l，而不是 appealled。

5   argument（辩论）

argue 是动词，词尾有一个 e。但名词的拼法是 argument 而不是 arguement。动词词尾的 e 在名词中消失了。

6   capital（首都；资本）、capitol（美国州议会大厦）

capitol 指的是一栋建筑物，而州政府或联邦政府在这栋建筑物中集会。capitol 的记忆法是，把 o 想象成这栋建筑物的圆屋顶。capital 则是另外的意思，它可以指"首都"。在法律写作中，capital 时常被当作名词来使用，指的是钱或其他的资产："A corporation must be started with adequate capital."（一个公司必须有足够的资产才能创立。）在法律写作中 capital 也时常被当作一个形容词来使用，意思是 involving death or carrying the death penalty（涉及死亡或执行死刑），像是 capital punishment（死刑）、a capital offense（死罪）。

7   causal（原因的）、casual（偶然的）

causal 意思是 relating to causation or a cause（和因果关系或和某个原因有关）："There must be a causal connection between the defendant's negligence and the plaintiff's injury."（在被告过失跟原告受伤之间一定有一个因果关系。）注意不要将 causal 的 u 和 s 的顺序弄颠倒，否则就会变成另一个词 casual，意思是"偶然的"。

8   comparative（比较的）

虽然 comparative negligence；comparative fault[2]（相对过失）、comparative law（比较法）和 comparisons（比较）有关，但是在 comparative 的拼法，r 后面的字母是 a，而不是 i。

【词汇补充】
2. comparative fault 是 comparative negligence 的同义词。

9 council（地方议会）、counsel（律师）

council 是一个管辖机构,像是 city council（市议会）。counsel 当名词用是"律师"的意思:the right to *counsel* （请求律师的权利）、"Will *counsel* please approach the bench?"（律师请上前到法官席这边来。）而 counsel 当动词用是"忠告、建议"的意思。

10 complement（补充）、compliment（恭维）

to complement 是"补充"的意思:"The regulations *complement* the statue."（这个规定补充了这个法令。）当某人用恭维的话 compliment（奉承）我的时候,I（我）感觉好极了。

11 defendant（被告）、respondent（被告）

跟 independent（独立的）不同,independent 以 ent 结尾,而 defendant 是以 ant 结尾。defendant 这个词的记忆法是,被告必须为刑事或民事控告作答辩,所以 defendant 不再是完全 independent 的。如果这个方法无法帮助你记忆,那么就想象一只大蚂蚁停在一个 defend<u>ant</u>（刑事被告）的鼻子上。

在某些州 respondent 被用来代替 appellee（被告）。respondent 跟 defendant 一样都被用来指 petitioner（原告）的对造。然而,跟 defendant 的拼法不同,respondent 是以 ent 结尾。

12 exercise（行使）

权利跟选择权是被 exercised 的。exercise 以 ise ,而不是 ize 结尾。许多人 exercise（运动）来增大肌肉的 <u>size</u>（尺寸）,而也许因为如此将这个词的词尾误拼成 ize。

13 forbear（克制做……）、forebear（祖先）

forebear 是"祖先"的意思,而在契约法中 forbear 是"克制做……"的意思,通常是克制对某人收账,或克制对某人提起诉讼。当你的意思是指 refrain（抑制）时,不要把 forbear 误拼成 forebear 。

14　foreseeability（可预见性）

伤害或损害必须是 foreseeable（可预见的），原告才能获得赔偿。这个词的记忆法是，当某件事是 foreseeable 时，表示在这件事发生之前（before）你就知道了。

15　indictment（控告）

虽然这个词的发音跟 inditement 很像，但拼法是不同的。

16　its（它的）、it's（它是）

its 是所有格："The court gave three reasons for its decision."（这个法院为它所作的判决提出三点理由。）it's 是 it is（它是）的缩写形。你不会在法律写作中用到 it's 这个词，因为在正式的法律写作中缩写是不适当的。

17　judgment（判决）

法律写作中，judgment 的拼法在 g 后面没有 e。

18　lead、led（引导）

read 的过去式是 read，但 lead 的过去式是 led，意思是"引导"。

19　liable（负有法律责任的）、libel（诽谤的文字）

说一个人 liable 表示这个人必须负民事损害责任。libel 是用写作来作为诽谤的工具。

20　loose（松的）、lose（输）

身为一位律师，你也许会 lose（输）了一个案子。loose 和 goose（鹅）押韵，是 not tight（不紧的、松的）意思。

21　merchantability（销路）

把 merchantability 想成是 merchant（商人）和 ability（能力）这两个字的结合，将有助于你记忆。如果你有商人的能力，就能卖出 merchantable（有销路的）商品。

第五章 拼法

22 occasion（场合）、occurrence（发生）、omission（省略）

最好把这三个词当作一组来记，以比较出其中字母重复的差异。occasion 第一个字母 c 重复二次，但第二个字母 s 则否。omission 第二个字母 s 重复二次，但第一个字母 m 则否。occurrence 和 occurred，前后两个字母 c 跟 r 都重复出现两次。

23 paid（付款）

paid 这个词对大部分的律师及其当事人是非常重要的。pay 的过去式是 paid，不是 payed。不要因 payee（收款人）、payor（付款人）或 note payable（应付票据）而使你把 pay 的过去式拼成 payed。

24 parol（口头答辩）、parole（假释）

parol 是一个形容词，意思是 oral（口述的），像是 parol evidence rule（口头证据规则）。在 parol 的字尾加上 e，意思就完全不同，是"假释"的意思。

25 personal（个人的）、personnel（员工）

personal 是 private（私人的）的意思。personnel 是 employee（职员）的意思。

26 plead（为〔案件〕辩护）、pleaded

plead 较为偏好的过去式是 pleaded："The defendant pleaded guilty."（被告为被控诉有罪作辩护。）你可以说 "The defendant plead guilty."，但不要把 plead 拼成 pled。

27 principal（主要的；校长；资本）、principle（原则）

principle 是名词，意思是 a rule（原则）。这个词的记忆法是：principle 跟 rule 都是以 le 结尾，都是"原则"的意思。principal 当形容词用时，意思是主要的。principal 也可以是名词，意思是 one who acts through an agent（一个人透过代理人来做事）。principal 当名词用时也可以指 money（金钱），特别是一笔借款的金额。最后 principal 当名词用时还有 the head of a school（校长）的意思，把它想成 principal（校长）试着要成为你的 pal（好友）将有助你记忆。

28 privilege（特权）

这个字的记忆法是,字的前半部的母音有两个 i,后半部的母音有两个 e。

29 rational（合理的）、rationale（基本原理）

rational 意思是 reasonable（合理的）。rationale 字尾多了一个 e,意思是 reasoning（推论),例如 The rationale behind the court's decision（法院判决背后的推论）。

30 receive（得到）

如果你有需要,就像小孩子一样重复韵脚:"'I' before 'e' except after 'c'."（i 在 e 前面,除非是在 c 后面;cie 变成 cei。）

31 rescission（解约）

当你 rescind 一份合约,意思是"取消"这份合约,而结果是 rescission（解约）。想象一把大 scissors（剪刀）将合约剪碎,如此你将会记得 rescission 中的 sci 跟剪刀有关。

32 subpoena（传票）

这个词我没有方法帮助你记忆,请强记它。

33 supersede（取代）

之后的法律或合约也许会 supersede（取代）先前的法律或合约,因为 supersede 跟 precede（〔时间上〕处在……之前）都和时间有关。所以 supersede 常被误拼为 supercede,但请记得 supersede 的词尾是 sede。

34 tenant（房客）、tenet（信条、原则）

tenant 会付钱给房东,而 tenet 则是 doctrine（信条）或 principle（原则）的意思:"Individual responsibility is a basic tenet of tort law."（个人责任是侵权行为法的基本原则。）

35 therefor（为此）、therefore（因此）

你常用的 therefore 是 for that reason、consequently（因此）的意思,词尾有一

个 e。therefor 词尾没有 e,是 for that(为此)的意思。因为 therefor 是一个深奥的法律用语,所以你不会用到它。

36 **threshold**（[比喻]起点、开端）

法院通常会提到一个*threshold* question，threshold question 是逻辑上首先,或在一开头就必须回答的问题。虽然 threshold 被接受的念法听起来仿佛 h 被发音两次,像是 thresh-hold,但是 threshold 的拼法只有一个 h。

37 **trespass**（擅自进入）

trespass 的前半部 tres 有一个 s,后半部 pass 有两个 s。

38 **v.、vs.**（对抗[某人或某事物]）

虽然 vs. 是 versus（对抗）缩写的正确拼法,但当你提到案件名称(case name)时,必须以 v. 作为 versus 的缩写。

39 **who's**（谁是）、**whose**（谁的）

who's 是 who is 的缩写,因为在法律写作中使用缩写是不适当的,所以你不会用到这个词。而 whose 是 who 的所有格:"The woman *whose* car was stolen identified the thief."（车子被偷的女人指认出小偷。）

第六章 判决摘要
Case Briefs

第六章 判决摘要

所谓"判决摘要",系就你已研读过的案例,将其内容作系统的整理。就法学院学生参与课堂的讨论与准备考试而言,判决摘要的工作乃为一项重要的学习工具。因此,判决摘要技巧的学习,理所当然地成为法学写作训练的第一要务(见附录一)。为了使读者明了如何有效地摘要判决,本章将提供数项实用的案例摘要技巧,以供读者参考。

一、判决摘要的基本格式

如何摘要判决,不同的教科书提供给读者不同格式(见附录二),但大体上而言,一份完整的判决摘要至少应包含下列四部分:

- 事实(Facts)
  于事实部分,须将复杂的案件事实加以精简,并仅摘要案例事实中基础且重要的部分。举例来说,当你在摘要一则有关车祸意外事故判决中所陈述的事实时,你只要于判决摘要中的事实栏提及此判决为一起车祸的意外事故,无须进一步就车辆的颜色及车辆的制造商进行描述。

- 争点(Issue)与法院意见(Holding)
  争点与法院意见部分是成双成对的。法院意见部分,乃法院针对该案件当事人所提法律上争点的答复。当案件中的争点为复数时,相对的法院意见亦为复数。此时,判决摘要的争点与法院意见栏皆须以复数来表示。

- 法院推理过程(Rationale)
  法院推理过程有时亦称"判决理由"(Reasoning)或"分析"(Analysis)。在此部分中必须简要说明,法院就当事人所提的争点是如何推演出前述的"法院意见"。在分析法院的推理过程时,不应仅局限于该判决表面上的文义,应该尝试更深入地去推敲法院为何会得此心证的理由。

判决摘要除了上述所言的四个必要部分(事实、争点、法院意见与法院推理过程)外,有些教科书所提供的判决摘要格式亦可能包含其他的项目,如:诉讼程序(Procedural Posture),判决(Decision),原告主张(Plaintiff's Arguments)与被告主张(Defendant's Arguments)等。一般来说,你不需要在你的判决摘要中纳入它们,但如果你认为它们对于你了解整个判决有帮助时,你也可以将它们列入你的判决摘要格式中,或者你也可以选择将程序、判决、原告主张、被告主张等部分置于前述四个必要部分的适当项目下。举例来说:如果你认为该案件的程序部分有加以摘要之必要,且此一程序的陈述与事实部分有密切的关联性时,你可将其并入事实栏下一起讨论。

例80的判决摘要系摘录于原本共四页的判决书,且依本书所建议判决摘要的格式所摘要而成。在该判决摘要中的D是代表被告(Defendant)

例80

Swanson v. Martin

Facts: D landowner[1] put spring-gun[2] in his vineyard[3] to prevent theft. P was injured by the gun while trying to steal grapes.

Issue: May deadly force[4] be used to protect property[5] other than a dwelling?[6]

Holding: No.

Rationale: Human life more valuable than property.

【词汇补充】

1. landowner (n.) 土地所有权人
2. spring-gun (n.) 弹簧枪
3. vineyard (n.) 葡萄园
4. deadly force (n.) 具杀伤性的武器
5. property (n.) 财产;所有物
6. dwelling (n.) 住宅

第六章 判决摘要

二 判决摘要的格式须符合个人的需要

判决摘要最主要的功用在于提供自己参考。既然是提供自己参考用,在内容上,应以可满足自己的需要为已足。因此,你可以用简洁的语词或自己看得懂的符号来表达判决中冗长且复杂的句子。

课堂讨论用的判决摘要与考试及研究用的判决摘要有何不同呢?考试及研究用的判决摘要可能较上课用的摘要为短。举例来说,有些教授可能希望你在课堂中陈述该判决的诉讼流程。此时,针对课堂讨论用的判决摘要就必须涵盖诉讼程序此一项目。但有些教授可能认为,除非诉讼程序对于了解该判决系属重要,否则判决摘要中无须增列诉讼程序此一项目。因此,在摘要判决的过程中,你可随时依自己的需要来调整摘要的内容。

三 随着摘要经验的累积,你所作的判决摘要将愈来愈趋精简

你应尽可能使你的判决摘要包含你所需要的所有资料,但在此一同时也应尽可能避免你的摘要过于冗长。如果你的判决摘要与你所摘要的判决一样长,那此一摘要在你复习此一案例时,就无法有效地节省你的时间。再者,在法学院的求学过程中,你也不可能为每一个你所需要阅读的判决,都编写两页以上的摘要,而同时仍有充裕的时间去处理日常生活中其他的琐事。

在你刚开始学习摘要判决时,也许你所完成的摘要是冗长的。其最主要的原因不外乎是因为你才刚开始学习如何分析判决摘要,未累积足够的判决摘要经验。在你累积相当的摘要经验后,你所摘要出来的判决摘要会较以往所摘要出来的更为精简。

大部分从事实务工作的律师不做判决摘要的工作。他们通常仅就判决中他们所需要的部分,以简洁的文字记录下来。有时他们只写下法院的意见或是判决中一些简短的事实。有时他们甚至只会影印下他们所需要的判决,直接于判决中就他们所需要或他们认为重要的部分加下划线。但就初学法律的新人而

言,判决摘要是一项重要的学习工具。你可以从摘要判决的过程中学会如何去分析判决,以及如何组织你的课堂笔记。

四 尝试以图解的方式来分析复杂的判决

分析现今诉讼的类型,诉讼当事人间的法律关系,常是相当复杂的。案件当事人的一造或两造有可能是复数。此时,当事人间的关系,可能因诉讼当事人人数众多而愈趋复杂。多数当事人间可能在诉讼上提出一系列的请求权(claim)、抗辩(cross-claim)以及反诉(counterclaim)。因此,当你第一次阅读判决时,你可用图示的方法来分析诉讼当事人间的复杂关系。这样做可以帮助你在检查案例时有条不紊,而且图表往后还可作为快速参照的工具。

除了图示当事人间的法律关系外,你亦可于图示外补充一些文字上的说明,来使你的图示更加生动。举例来说,在一交通意外事故的案件中,你可以画出两部车,且分别于此两部车上标示出原告与被告的名字。如果原告也对车辆的制造商提起诉讼,你可在原告与车辆制造商间,以箭头连接二者的方式来表示二者间具有某种程度的关联性。

与其在上课中发呆或毫无目的地乱画,还不如利用此段时间来绘制当事人之间法律关系的图表。

五 法院判决的格式很少遵守判决摘要的格式

如果法院判决格式完全依循判决摘要的格式,将会使法学院的学生及从事实务工作的律师生活轻松许多,但事实并非如此。在阅读法院判决时,唯一令你感到较为轻松的是,在法院判决的一开始,你可以很轻易地找到该判决的事实部分。至于该案件的争点、法院意见及判决理由乃散见于法院判决中。有时可能争点、法院的意见或判决理由其中一项并无法在判决中找到,或是法院就各项目根本陈述不清楚。如果有此情况发生,你必须从法院判决的整体内容去推敲各陈述不清的项目。判决摘要的工作,并非在于重制法院的陈述,而是在作判决分析的工作。

六 藉由合并法院意见栏与争点栏的方式,来简化判决的摘要工作

例 81 是有关并列争点与法院意见的判决摘要格式:

例 81
Issue: May deadly force be used to protect property other than a dwelling?
Holding: No.

你亦可藉由合并法院意见与争点的方式来精简判决摘要。下例 82 是有关此一写作规则的具体适用:

例 82
Holding: Deadly force may not be used to protect property other than a dwelling.

在上例中,你可以清楚地看到如何将法院的意见与判决争点合并。但你必须切记,在课堂中当教授要你摘要判决时,你必须迅速地将争点于法院意见中抽离出来,将其当作一独立的项目来作陈述。

你亦可选择将判决的争点与法院意见在你的判决摘要中并陈为两个独立的项目。同时,你可以在法院意见栏下以简洁肯定(yes)或否定(no)的语气来作表示。但必须避免在法院意见栏下重述争点,如下面的例子:

例 83

Issue：May deadly force be used to protect property other than a dwelling?
Holding：Deadly force may not be used to protect property other than a dwelling.

七 如何区别"法院意见"与"法院在各判决中所适用的法规范"

对于判决中何者是"法院意见"，何者是"法院于该案件中所适用的法规范"（rule）发生混淆的情况，对于初学法律者而言，此现象诚属正常。即使是从事实务工作的法官或是律师，在使用这两个用语时，亦时常会发生用语混淆的情形。

从比较"法院意见"与"法院于各具体个案中所适用的法规范"来说，"法院意见"所涵盖的范围通常较"法院于各具体个案中所适用的法规范"来得狭隘。所谓"法院意见"系指："在各具体的案件中，法院将法规范具体适用到各该案件事实所得的结论"。"法规范"，本质上是一项价值中立的法律原则，在相同事实的前提下，可被一再地援用。举例来说，法院于审理一件契约案件时，可基于"契约条款或文字对当事人来说不合理的理论"认为该契约为一无效的契约。在此例子中，"不合理的（unconscionable）可能性理论"就是前述所言的"法规范"。无效契约的认定就是法院适用法规范于该具体个案所得的"法院意见"。

如果你使用前述严格区分"法院意见"与"法院于各判决所适用的法规范"的定义，前述 Swanson v. Martin 一案中"法院意见"与"法院于各判决所适用的法规范"，可能就会呈现出如同例 84 的结果：

例 84

Holding：The trial court incorrectly instructed the jury that a property owner owed no duty of care to trespassers.
Rule：Deadly force may not be used to protect property other than a dwelling.

第六章 判决摘要

虽然"法院意见"与"法院于各该判决所适用的法规范"有上述的区别,但法院以及律师却很少去作这样的区分。相反的,法院时常以陈述法院意见的方式来表达法规范:"We hold that a landlord[7] may not evict[8] a tenant[9] for reasons that are against public policy."[10]

尽管法院不会以非常抽象的方式来陈述自己的意见,但律师却习惯以非常抽象的方式来陈述法院的意见,使法院意见在乍听之下就如同法规范一般。比如,于 Hill 一案,法院认为:"土地所有权人,不可以基于一违反公共政策的理由,来驱逐其土地的承租人。"然在律师的意见书或诉状中,他们常会作如下的陈述:"在 Hill 一案中,法院认为,土地所有权人不可以基于一违反公共政策的理由,来驱逐土地的承租人。"

为何从事实务工作的律师喜欢以陈述法规范的方式来陈述法院意见?其主要的理由之一在于,他们对于此一判决在未来相类似案例事实所产生的影响更有兴趣。

同样正在法学院就读的你,也必须学习如何将法院的意见以陈述法规范的方式,在你的判决摘要中予以呈现。例 84 中将"法院意见"与"法院于各该判决所适用的法规范"加以严格区分的判决摘要方式,虽然有助于你更了解 Swanson 一案,但之后碰到与 Swanson 一案相类似的案例事实时,应如何适用 Swanson 一案,将不会有任何的帮助。

在前述例 84 中,无论你以法院意见或是法规范来称呼,对你较有帮助的应属法规范一项,且须在你的判决摘要予以保留。就我个人而言,我习惯以法院意见来称呼法规范,而未遵守例 84 中严格区分"法院意见"与"法院于各该判决所适用的法规范"的标准。有关一个人写作习惯的具体适用,可参考例 85。

【词汇补充】

7. landlord（n.）地主,土地所有权人
8. evict（v.）驱逐;收回
9. tenant（n.）承租人
10. public policy 公共政策

例 85

Swanson v. Martin

Facts：D landowner put spring – gun in his vineyard to prevent theft. P was injured by the gun while trying to steal grapes.

Holding：Deadly force may not be used to protect property other than a dwelling.

Rationale：Human life more valuable than property.

如果我真地在赶时间,我就会草草写下法院意见,然后赶去上课。

第六章 判决摘要

附录一

Q:为何美国法学院一年级的新生,在第一学期"法学研究与写作"(Legal Research and Writing)课程的前阶段就必须学习判决摘要的工作?

A:在传统法学的范畴里,如契约法(contracts)、侵权法(torts)、刑法(criminal law)等,美国法在相当程度范围内仍承袭英国的普通法(Common Law)。所谓的"普通法",系指由一个个法院判决所形成的法规则累积而成的。因此,在学习此等传统法学时,不可避免地须大量阅读以往法院所作成的判决。为了能准确地掌握且精简地陈述判决的内容,"法学研究与写作"课程的老师在此课程的一开始,便会教你如何去从事摘要判决的工作。

判决摘要的学习工作,通常有下述两大重点:

(1) 首先须训练法学院的新生能看懂法院判决书的格式。法院判决书的格式,会因判决书汇编机构的不同而有所差异。通常无论是州政府或是联邦政府,皆会对其法院所作成的判决予以汇编,但除了官方机关会从事判决的整理工作外,一般民间商业出版公司亦会加入法院判决整理汇编的工作。但就同一法院判决的内容而言,不论此一判决汇编版本为官方版或民间版,其法官所作成的判决内容是一样的。

(2) 此外,使学习者知悉一份完整的判决摘要通常应具备哪些项目(在附录二中将有完整的介绍),才能在日后再复习此案例时,可收事半功倍之效。

附录二

Q：一份完整详尽的判决摘要，原则上应包含哪些项目？

A：判决摘要应包含哪些项目，其实是因人而异，但不论此判决摘要如何简短，至少应包含本书所言的四大部分。除了此四大基本部分外，你可因个人的需要，加列其他的项目，只要此等项目对于你了解此判决有所帮助。以下提供一个几乎涵盖所有项目的判决摘要格式供读者参考，但使用者可依个人需求，就此包含所有项目的判决摘要予以修正。

（供参考的判决摘要格式）

Briefing Outline（判决摘要大纲）
Name（摘要者姓名） ：_____ Brief of（摘要判决案名） ：(Name of Case)
Full citation to the case（判决的完整引注） Identify of parties in case name（当事人在诉讼上所扮演的角色） 1. Introduction statement of the case（案情简介） 2. Procedural development of case（诉讼程序） 3. Statement of facts（事实陈述） 4. Issue(s)（争点） 5. Holding(s)（法院意见） 6. Rule(s) forming the basis of the holding（判决基础之法规范） 7. Definitions given in the opinion（判决中相关定义性规定的整理） 8. Dissent（不同意见书） 9. Questions left disposition of the case（该判决所未解决的问题）

第七章

案件与法院

Case and Courts

第七章

一 如何在文章中表达你正在处理的案件

"本案"（this case）乃是表达你正在处理中的案件最简单的形式。但你必须小心使用此一语词，因为它同样也会造成语意模糊不清的状况。举例来说，有时文章中的"本案"，究竟所指的是"作者正在处理的案例"或是"作者所引用的判决"？因此常会发生语意不清楚的状况。尤其当你以"本案"来意指某一事件（event）时，更容易造成读者混淆"本案"此一语词在你文章中的真实涵义。

如果你要使用"本案"一词时，切记仅用它来表示"正在处理的案件"。对于"所引用的判决"，则以案例名称（case name）来表示你所引用的判决。

除了以"本案"的方式来称呼你正在处理的案件外，"处理中的案件"（here）亦是另一种简单的表达方式。下述例 86 说明如何以"处理中的案件"的方式来表达你所正在处理中的案件：

例 86

In Kelynack, the buyer had to wait three months before his motorcycle was repaired. Id. at 488. *Here* Field only had to wait a month to have her computer repaired.

但无论如何，用"处理中的案件"来表示你正在处理的案例，也会如同以"本案"的方式来表达你正在处理的案例一样，造成语意不清的情形。因此，无论你以"本案"或是"处理中的案件"来称呼你正在处理中的案件，皆须谨慎为之。

the present case, the current case, the instant case, the case at hand 以及 the case at bar[1] 皆可用来陈述你正在处理的案子。前述的五种在语意上虽较为清楚，但就语词的长度而言，似乎较"本案"或是"处理中的案件"为冗长。the case at bar 的用法较为拘谨且正式，而 the instant case 的使用方式较俏皮。但如果你选择以前述五种语词中的一种来表示你正在处理的案件时，切记在语词的使用上应力求统一，避免在文章中某一段落中以 the current case 来称呼你正在处理的案件，而在其他段落中却以 the present case 来表示你正在处理的案件。

在撰写办公室法律备忘录（office memo）时，以 our case 来表示你正在处理的案子是一种非常自然的表示方式。但在写作法律意见书或是诉状时，以第一人称的方式来表示你正在处理的案件是不适当的。撰写办公室备忘录时，表示你正在处理的案件的另一种合适的方式是，以你正在处理案件当事人的名字来指称你的案件。举例来说，如果你案件当事人的名字是 Filed，你可以 Field's case 来表示你正在处理的案件。

尽管你正在处理的案件尚未进入诉讼程序，你亦可在办公室备忘录中以 Field's case 的方式来表示你正在处理的案件，只要在文句上能清楚地呈现出此一案件是你正在处理的案件而非指其他被你所引用的判决而言。倘若你正在处理的案件尚未进入诉讼程序，且你也不愿以 case 这样的用词来称呼你的案件时，你可以用描述你当事人案件事实的方式来取代用 case 的方式称呼你处理的案件。

尽管你的当事人 Field 与 IBM 公司的案子已进入诉讼程序，在写作上你也不可用 In Field 或 In Field v. IBM 的方式来称呼你的案子。因为此种以案件名称的简称（short form of case name）来表示案件的方式，仅能用来指称被你所引用的判决。

【词汇补充】

1. 此一用语通常系用来指称已进入诉讼程序的案件而言。

第七章　案件与法院

一　如何在写作中清楚地表达所引用的判决

当你第一次引用某一判决时，须给予读者有关所引用判决的完整引注（full citation）。倘若在之后的文章中再一次引用此判决时，因为先前已对该判决的出处有完整的交代，此时你可以该判决案名中一造当事人的名字（first name）来表示该判决。举例来说，当你第一次引用 Fruth v. Gaston 这一判决时，你须以完整引注的方式向读者清楚交代该判决的出处，但当你在写作过程中需要再一次提及该判决时，你可以"In Fruth, the court established a new rule."的方式来作表示，但不要说 In the Fruth case 或 In the case of Fruth，而要删掉那些不必要的字。

但当你所要再次引用判决的当事人的一造为政府机关（如 State 或 United States）或政府机关的代表（如 Commissioner of Revenue）时，前述"以该再次被引用判决案名中一造当事人的名字来称呼该判决"的写作规则，在此处将被修正，因为此种精简引注的方式会混淆读者。此时为了避免判决引注表示不够清楚，你可以他造当事人来称呼此被你再次引用的判决。例如，就 State v. Hill 一案，当你再次要引用此判决时，你可以 Hill 来称呼此判决。

如何正确称呼作成某一判决的法院？你可以"判决的案名"（the name of a case）来称呼作成该判决的法院。以 State v. Hill 一案为例，当你需要特别指出作成此判决的法院时，你可以 the Hill court 的方式来表示。但前述以称呼作成某一特定判决法院的方式，仅于下述两种情况下始为妥当：当你在区别两个法院就同一争点下不同的结论时，或当你在区别同一法院就同一争点所为不同的主张时。

二　法院的代词是 it

在写作过程中倘若你需以代词来表示你所提及的法院时，你可以单数的代词 it 来表示。尽管审理案件的法院系合议制，但从外观上来看，其仍被视为一个整体。因此，当你需要以代词的方式来指称它时，你须以单数代词 it 或 its 来表示：

例 87

The court followed this rule when it [not they] decided a similar cases two years later.

在对上诉法院所提出的诉状中，当你需要指出审理该案件的第一审法官时，应避免直接指出该法官姓名的表达方式，而以 the trial court 或是 the court 的称呼方式来表示：

例 88

The trial court correctly stated the rule in its [not his or her] instructions to the jury.

在上述例 88 中，不论审理该案件的法官是男性或是女性，写作者应以 the trial court 的方式来称呼审理该案件的初审法官。因为在句子的一开始，作者已用 the trial court 的方式来称呼审理该案件的初审法官。在之后的句子中，若有使用代词来代替前面 the trial court 的需要时，写作者应选择中性的代词 it 或 its 来作表示。

在法律文书的写作过程中，当需要特别提及作成某项判决的法官时，应如何作适当的表达呢？

第一，除非该名法官颇具声望，或是你提及他的原因是因为你支持他所作成的某项判决，否则极少于意见书或诉状中直接以法官的名字来陈述该法官在某一判决中的主张，而是以"初审法官"（the trial judge）来作表示。

第二，当你在对某一项判决提出批判时，此时你应避免直接指出作成该判决法官之姓名。因为此写作方式,对于上级审法院而言,犹如是对作成该判决法官的人身攻击。在提交给初审法院的诉状中,最好以"本院"(the Court, this Court)的方式来称呼审理该案件的法官,而不要以庭上(Your Honor)或是你(you)的方式来称呼审理的法院:

例 89

This Court [not Your Honor or You] correctly stated the rule in its [not your] instructions to the jury.

四 清楚地表达你所要表达的法院系指何法院

当你在引用某一判决且同时在之后的句子中言及"本院"时,读者会很自然地假设,你在文中所提及的"本院"系指作成该判决的法院。读者虽然可从你所作的判决引注中得知你在前文中所言的"本院"系指哪一法院,但是为了节省读者的时间,在你第一次引用某项判决时,就应当直接指出作成该项判决法院的全称,其主要的目的在于,便于你在之后的文章中可以"本院"的简称方式来称呼作成该项判决的法院:

例 90

The Texas Supreme Court first recognized the defense of necessity[2] in Wayne v. Derek, 98 S.W. 809 (Tex. 1913). The court held ...[3]

当你一次同时讨论数个判决,且此数个判决系由不同法院所作成时,不论你

【词汇补充】
2. the defense of necessity 必要性的抗辩原则
3. the court held ... 本院主张;本院认为

正在说明其中哪一个判决,只要正在论述的判决是在文中第一次提及,就必须完整地陈述作成该判决法院的全称,以免造成读者在阅读上的困扰。此外,有时你在写作过程中同时引用数个判决,而此数个判决可能属于同一司法管辖区域(jurisdiction)内上、下级法院(如最高法院或是第一审法院)所分别作成的,也有可能是由不同司法管辖区域的法院所作成的。因此,详细说明你所引用判决的作成法院,除了可避免因你同时讨论数则判决而造成读者的混淆外,藉由你详细交代作成每一则判决法院的名称及位阶,读者也可清楚明白,在判例拘束原则下,你讨论的数则判决对于你正在讨论的争点的拘束效力为何。

倘若你所引用的判决,已历经数个审级的诉讼程序,而在写作中你所欲指称的法院亦并非作成此判决的上诉审法院,而是第一审的法院时,为了避免造成读者的误解,你必须特别指出,你在此处所言的法院系专指初级法院。举例来说,当你所引用的判决为某一州上诉法院的判决,但在分析该判决的过程中,你需要论述前审法院(第一审法院)所为的某些主张时,为了避免读者发生混淆,你须以第一审法院(trial court)的方式来称呼前审法院,以别于最后作成此判决的上诉审法院:

例 91

In Hill, the trial court [not the court] excluded[4] the evidence as hearsay.[5]

在写作过程中,对于需被你重复引述的同一法院,你应该如何表示? 在第一次提及某一法院时,你需以该法院的全名来称呼被你所提及的法院。之后如果你在论述过程中需再一次提及此法院时,你可以简称的方式来表示。以密歇根上诉法院(Michigan Court of Appeals)为例,当你第一次提及该法院时,你需以"法院的全称"来作表达,但在之后的文章中此法院,若有再一次被提及的需要,你可以上诉法院(the court of appeals)的简称方式来称呼密歇根上诉法院。

【词汇补充】
4. exclude (v.) 排除
5. hearsay evidence (n.) 传闻证据

在引用一上诉法院所作成的判决时,倘若你要交错提及"上诉审法院——作成此判决的法院"及"初审法院",你该如何适当地表示?例92 提供了此一问题的解答:

例 92

In Hill, the trial court excluded the evidence as hearsay. *The court of appeals* [not the court] held this was harmless error.

在写作过程中应避免使用"下级法院"(the lower court)的用语。当你所引用的判决已经历过数个审级时,你所谓的下级法院,会使阅读者不了解你所指的下级法院究竟指的是上诉法院(第二审法院)还是初审法院(第一审法院)。因此,你应精确地说明你所指的法院系指何一审级的下级法院——第一审法院(the district court)或第二审法院(the court of appeals)。

五 你必须清楚地意识到,哪个法院是你正在进行交涉的法院

如果你正在撰写要向加州最高法院提出的诉状,同时在该份诉状中你亦引用由该法院所作成的某则判决(Hill),当你在引用此则判决时,你应以该院(this court)来称呼该法院,如"In Hill, this Court established a new rule.",而不以加州最高法院(the California Supreme Court)来表示,如"In Hill, the California Supreme Court established a new rule."

六 对于法院所作的任何决定,需作最精确的传达

法院常在判决中使用下述用语:

- *grant* or *deny* a motion:允许或驳回其请求
- *sustain* or *overrule* an objection to evidence:同意或驳回对于证据的异议
- *accept* or *reject* an argument:允许或拒绝当事人的主张
- *hold* on an issue of law:法律争点的判决

- *find* on an issue of fact：事实争点的发现

- *rule* on an objection to evidence, motion, or issue of law：法院针对有关证据的抗辩、当事人的请求或是法律争点的决定

- *affirm*, *reverse*（or *overturn*），or *modify* a judgment or order of a lower：确认、撤销（或推翻），或修正下级法院的判决或裁定

- *vacate*（or *set aside*）a judgment or order of a lower court：废弃一级法院的判决或裁定

- *remand* a case to a trial court：发回重审

- *overrule* precedent：变更判例；推翻判例

- *uphold*：确认或维持。此用语常适用于下述两种情况：
  （1）上级法院为某种关于下级法院的决定或主张时的用语
  　　"The court upheld [or affirmed] the defendant's conviction."
  （2）法院在确认成文法、判决、法规范、权利或权限限制时的用语
  　　"The court upheld [not affirmed] the limitation on the Commissioner's power."
  为何在上例中，不可使用 affirm？因为 affirm 通常用来表示上级法院确认下级法院的判决。

- *memorandum or opinion*：备忘录或意见书
  法院或法官为解释其所为的裁定（order）或判决（judgment、decision），所作成的文书。

- *establish*、*enunciate*、*articulate*：建立、阐明
  上述用语，常为法院用来形容法规范的建立或法规范意义的阐明

- The court *stated*：用来表示法院所为一般性的陈述

- The court *held*：用来表示法院的主张（holding）

- The court *found*：用于法院在事实上的发现

- The court *defined*：用于法院就某名词下定义时

第七章 案件与法院

七 在表达法院的主张或意见时，避免使用"本院觉得"的用语

法官与普通人一样，在作决定时，同样会受到情绪的影响。但在美国的司法系统下，法官在审判时，其角色是被设定为需将个人的情绪暂时摆在旁边，仅能客观地依案件的事实来适用法律。正因为法院在为判决时须不受个人情绪的影响，所以在写作时，你应避免使用"本院觉得"（the court *felt*）的用语来表达"法院的意见或主张"，而可以说本院 noted、thought、believed 或 recognized 某件事。

八 在引用判决时，无须特别指出作成该则判决法官的姓名

在为判决引注时，除非你所引用的是该则判决中"不同意见书"（dissenting opinion）或"协同意见书"（concurring opinion）中法官的意见，通常你无须特别指出作成该则判决法官的姓名。

九 除了判例所建立的法规则外，在论述被引用判决中的事实或法院的主张时，在语句时态的选择上，皆以"过去式"为之

原则上，被引用判决中案件事实或系法院意见主张的陈述，应以过去的时态为之。但在"该则被引用判决所确立法规范"及"成文法"（statute）的论述上，除非（1）该判决所确立的法规范已不再具有拘束力，或（2）判决中所提及的成文法在现行的法制下已遭修改或废止，否则应以"现在式"的时态来作陈述：

例 93

In Kelynack, the court stated [not states] that it might have reached a different result had the plaintiff been a commercial buyer rather than a consumer.

在例 93 中,该项事实陈述的主体,系作成该则判决的 the court,而非 the case,因此不要说 <u>Kelynack</u> stated。

例 94

In <u>Hill</u>, a pit bull *bit* [not *bites*] a child.

在上述二例中,判例事实的陈述,乃以过去式(stated、bit)来作陈述。除非所引用判例建立的法规范已不再是一有效的法规范,否则对于判决中所建立的法规范,应以"现在式"来作陈述,如例 95:

例 95

In <u>Hill</u>, the court held that an owner of a dangerous animal *is* [not was] strictly liable[6] for injuries[7] caused by the animal.

对于目前仍有效力的成文法,在语法的陈述上亦应以"现在式"为之,如例 96:

例 96

Section[8] 2-719(2) *provides*[9] [not provided] that if a limited remedy[10] fails of its essential purpose, the buyer can resort to[11] other remedies.

【词汇补充】

6. strictly liable 严格责任;无过失责任
7. injury(n.) 损害
8. section(n.)〔法条中的〕款;项
9. provide(v.) 规定
10. remedy(n.) 救济方法
11. resort to 求助于

此外，在引用成文法时，应以 under section 2-719（2）的方式来代替 *pursuant to* section 2-719（2）的表达方式。

✚ 在从事判决比较分析时，须严守相同事物才能作比较的基本准则

在比较判决时，你须随时注意你没有拿"苹果"与"柳橙"在作比较。有关此写作规则之运用，可参考以下数例：

例 97

Like Hill, Wold was arrested[12] without a warrant.[13]

在例 97 中，我们拿一个案例（Hill）与一个自然人（Wold）在作比较，此系一个不正确的比较方式。

例 98

Like the defendant in Hill, Wold was arrested without a warrant.

the defendant in Hill 与 Wold ——自然人与自然人在作比较。

例 99

Like Hill, this case involves a warrantless arrest.

Hill 与 this case ——案件与案件在作比较。

如何在偏离应以同类事物来作比较的原则下，继续进行判决的比较工作？例 100 提供了此一问题的解答：

【词汇补充】

12. arrest（v.）逮捕
13. warrant（n.）许可令状，在例 97 中 warrant 是指逮捕令状而言。

例 100

In Hill, as *in* [not *like* or *like in*] this case, the defendant was arrested without a warrant.

十一 如何以适当的语词来表达你所引用的判决之间是有所区别的

当你对所引用的判决作分析比较前,你应避免 case A is distinguished from case B 的表达方式。其主要的理由是,在你对判决作比较分析前,判决本身是不会去作区分工作的。因此,当你在为判决作比较与分析工作前,你应以如下的方式来作表达:"Case A *is distinguishable or can be distinguished* from case B.",然后开始相类似的判决的比较工作。如果你所欲区别的判决,法院早已为之,你可用 case A *was distinguished* from case B by that court 的方式作表达。

在进行判决分析时,并非所有的判决区分皆有意义。因此,你必须加以说明解释的判决区别点,也应仅局限于那些对于你正在讨论中的争点具有意义的判决区别点。

第七章 案件与法院

附录一 "美国法院系统"

美国法院系统（Court Systems）：

美国法院系统可区分为：(1) 联邦法院系统及，(2) 州法院系统

(1) 联邦法院系统可区分为如下的三个层级：

　　A. 联邦最高法院（United States Supreme Court）

　　B. 联邦上诉法院（United States Courts of Appeals）

　　　a. 联邦上诉法院亦可称为联邦巡回上诉法院（Federal Circuits）[i]。

　　　b. 目前全美共有十三个巡回上诉法院：

　　　　（i）第一巡回上诉法院（the First Circuit）至第十一巡回上诉法院（the eleventh Circuit）；共十一个。

　　　　（ii）哥伦比亚巡回上诉法院（the Court of Appeals for the District of Columbia）

　　　　（iii）联邦巡回上诉法院（the Federal Circuit）

　　C. 联邦地区法院（United States District Courts）

　　　原则上，联邦政府在每一州至少设有一个联邦地区法院。

(2) 州法院系统：

　　美国州法院系统，原则上与联邦法院系统相似，在层级上亦属于三级制，即州最高法院（supreme court）、上诉法院（appellate court）和州地区法院（trial court）。但有时州法院系统会在州地区法院下增设"小额诉讼法院"（small claims court）。在有关法院的名称上，即便同属于同一层级的法院，各州也许会有不同的名称，如纽约最高法院的名称即为 New York Court of Appeals，而非使用 Supreme Court。此乃称呼用语上的不同，并不会影响其在审判层级上所扮演的角色。

---

i 有关联邦巡回上诉法院的管辖区域划分图，参见：http://www.uscourts.gov/links.html。

附录二 美国法院判决汇编

美国法院判决汇编（Reporters）[ii]

（1）联邦法院系统：

    A. 汇编有关"联邦最高法院"的判决汇编有：

        a. United States Reports

        b. Supreme Court Reporter

        c. United States Supreme Court Reports

        d. Lawyer's Edition

    B. 有关"联邦上诉法院"的判决汇编为 Federal Reporter

    C. "联邦地区法院"的判决汇编为 Federal Supplement

（2）州法院系统：

就州法院的判决来说，除了各州对其法院所为的判决有发行所谓的官方判决汇编（official reporter）外，美国最大的法律书籍出版公司"西方集团"（West Group），将全美分为七个区域，发行区域性的州法院判决汇编（regional reporters）。

---

ii 有关美国法院判决汇编资料系引自 Amy E. Sloan, Basic Legal Research: Tools and Strategies (New York: Aspen Law & Business, 2000), 71.

司法管辖区域(Jurisdiction)	判决汇编名称(Reporter)
Atlantic Region States (Connecticut, Delaware, District of Columbia, Maine, Maryland, New Hampshire, New Jersey, Pennsylvania, Rhode Island, Vermont)	*Atlantic Reporter*
North Eastern Region States (Illinois, Indiana, Massachusetts, New York, Ohio)	*North Eastern Reporter*
South Eastern Region States (Georgia, North Carolina, South Carolina, Virginia, West Virginia)	*South Eastern Reporter*
South Region States (Alabama, Florida, Louisiana, Mississippi)	*Southern Reporter*
South Western Region States (Arkansas, Kentucky, Missouri, Tennessee, Texas)	*South Western Reporter*
North Western Region States (Iowa, Michigan, Minnesota, Nebraska, North Dakota, South Dakota, Wisconsin)	*North Western Reporter*
Pacific Region States (Alaska, Arizona, California, Colorado, Hawaii, Idaho, Kansas, Montana, Nevada, New Mexico, Oklahoma, Oregon, Utah, Washington, Wyoming)	*Pacific Reporter*

第八章

案例名称

Names

第八章

一、除非你的当事人于诉讼中所扮演的角色(原告、被告、上诉人或被上诉人)较具说服性,否则,以你的当事人姓名来称呼你的当事人

在你正在处理的案件中,无论在法律意见书中或是将提交给法院的诉状中,以你的当事人姓名来称呼你的当事人,不失为一种清楚的表达方式。在法律意见书的书写上,许多法律人常以当事人的姓名来称呼当事人。但在对法院提出的诉状文书中,却修正为以当事人在诉讼中所扮演的角色(原告、被告、上诉人或被上诉人)来称呼当事人,舍弃当初在意见书中以当事人的姓名来称呼当事人的方式。写作者会作如此的改变,可能完全源于写作者主观上的错误认知,认为在正式的书状(如诉状)中,如果将法律意见书中以当事人姓名称呼的方式改为以当事人在诉讼程序中所扮演的角色来称呼当事人,在表达上会较为正式。然而事实上,在法律写作规则上并未如此规定。

以当事人于诉讼中所扮演的角色来称呼当事人,容易使法律写作者、案例阅读者,甚至法官发生混淆当事人的情形。以当事人的姓名来称呼当事人,除可避免阅读案例时发生当事人角色混淆的情形外,在案例事实的陈述上亦会更显生动、活泼。

在法律意见书或诉状中较为正式、重要的部分,如案件陈述(Statement of the Case)及结论(Conclusion)部分,你也不须以当事人在诉讼中所扮演的角色来称呼当事人。在你已介绍当事人及解释他们在诉讼中所扮演的角色后,在之后文章的写作上,你可以当事人的姓名来称呼当事人。

只有当你的策略奏效时,才可以选择以当事人在诉讼中所扮演的角色来称呼当事人。以当事人在诉讼所扮演的角色来称呼当事人,与以当事人的名字来称呼当事人相比,较少感情色彩。因为诉讼角色系为一抽象概念的表达,其本身不含有任何的情感。因此,当对造当事人的名字(如 Mother Teresa)很容易会引起法院同情时,或是当你案件当事人的名字(如 Saddam Hussein)有可能会造成法院在心证形成上产生偏颇,此时,你可以选择以不具情感性的"诉讼角色"(如原告、被告)来称呼两造的当事人。

二 当事人为"公司"或"政府组织"时,应选择明确清楚且具有说服力的名称,来称呼此等当事人

当你的当事人为公司时,应如何在法律文书中称呼你的当事人?此问题颇值得深思。举例来说,当 Ma's Cookies Consolidated, Inc.(马氏饼干联合有限公司)是你的当事人时,在诉状的写作上你可以 Ma's cookies(马氏饼干)来称呼你的当事人。前述的称谓方式,较以公司名称缩写为 MCCI 的方式来称呼你的当事人更为妥适。

当你的当事人是"法人"或"政府组织"时,在写作上应如何来称呼此等当事人,可能你也没有太多的选择。举例来说,MCCI 是大家所熟悉且一向用来称呼马氏饼干公司的方式,此时,你若以 MCCI 以外的简称方式来称呼马氏饼干公司,可能会使一般人发生混淆,且法院亦会对于这种另类的称谓方式有所抱怨。

当对造当事人为公司时,如何称谓他造当事人,在诉讼写作上也是一种技巧。以我正在处理的案件为例,该案件的他造当事人是一家大型石油公司 Sinclair Oil 的小关系企业 Sinclair Marketing, Inc.。他造当事人的律师在其诉状上以 SMI 来称呼此公司,但在我方的诉状上,我选择以 Sinclair 来称呼他造当事人。我以此种称谓方式来称呼他造当事人,其主要目的不外乎藉由称谓方式的运用,向法院传达此一公司实质上是属于一大型石油关系企业一部分的信息,在经济上,Sinclair 有能力负担起我造当事人在诉讼上所为损害赔偿的请求。

如果你的当事人是"政府机关"时,the City、the County 或 the State 等词语是称呼你当事人的最佳方式。当 federal government(联邦政府)为当事人一造时,法律人常喜欢以 the United States 来称呼。

第八章 案例名称

三 以清楚、明确且具说服性的名称来称呼共同诉讼人

如果你所受委任案件之当事人是复数时,在诉讼书状写作上逐一去称呼此等多数当事人是颇为麻烦的。因此,在写作技巧上,应以统称的方式来称呼此等复数当事人。除了以原告、被告的方式来统称此等复数当事人外,以此等复数当事人在实际商业交易上所扮演的角色,如受雇人、投资人、消费者等称谓方式来统称此等复数当事人,应是更佳的称谓方式。

如何适当地称呼你所受委任案件中的共同诉讼人,其实也是一种诉讼文书写作上的技巧。举例来说,在一宗房屋的买受人与建筑公司的诉讼中,倘若你是房屋买受人的受任律师,在诉讼书状的写作上,你应以"房屋所有权人"(homeowner)来称呼你的委任人,以"房屋建造人"(developer)来称呼对造当事人。此种称呼方式可以间接向法院传达,两造当事人在资力上是有明显差距的。反面观之,若你为"房屋建造人"的受任律师时,"出卖人"(the seller)与"买受人"(the buyer)应是你称呼两造当事人的最佳方式。此种称呼当事人的方式具有间接表达两造当事人资力相当的作用。

如何在诉讼上或是法律文书的写作上适当地称呼当事人两造,对于诉讼结果的成败,常具有相当的影响。因此,当你对于当事人两造的称呼方式享有主导权时,你应善用此优势,选择对于你当事人有利的称呼方式。

四 如何以简称的方式来称呼当事人

在第一次提及当事人时,你可以全名的方式来称呼当事人,此后当你再提及当事人时,你仅须以当事人的名字(first name)来称呼当事人。此一写作规则的具体适用,见下例101:

> **例 101**
>
> This case involves a contractual dispute between Daniel Simon and Lizette Garcia. *Simon* and *Garcia* entered into a contract in 1987 ...

对于公司及政府机关,在句意可表达清楚的情况下,你可在第二次提及此等公司或政府机关时,以简称的方式来作表示,如下述例102:

例 102

This case involves a contractual dispute between Hennepin County and Tirecycle Technologies, Inc. *The County* and *Tirecycle* entered into a contract in 1987 …

若你所使用的简称会造成阅读者不清楚此简称所指为何时,你可以在第一次提及该公司及政府机关时,在公司或政府机关全名之后将简称以双引号的方式附注在全名之后,以方便在之后的文章中可以简称的方式来称呼此等当事人,如下述例103:

例 103

This case involves a contractual dispute between Hennepin County and Tirecycle Technologies, Inc. ("TTI"). *The County* and *TTI* entered into a contract in 1987 …

在诉讼当事人之一造为多数人时,你可使用一完整的句子且以简称的方式来介绍此等多数的当事人,如下述例104,亦可以总称的方式且将此总称置于圆括弧(parentheses)内的方式,来统称此等多数的当事人,如下述例105:

例 104

Paul Stoltz, William Luther, Soo Wong, and Biagio Ciatti are referred to in this brief as "the buyers."

例 105

Paul Stoltz, William Luther, Soo Wong, and Biagio Ciatti ("the buyers") …

五 无须在当事人的姓名前加上称呼语

当你以当事人的姓名来称呼当事人时,你无须在当事人全名前加上任何的称呼语(如 Mr.、Mrs.、Ms.)。尽管当事人的名字使人不易辨别其为男性或是女性,你仍无须藉由加注称呼语的方式,来向读者传达该名当事人的性别。倘若你有需要传达当事人的性别,你可以在当事人的全称后,以人称代词的方式来表示该名当事人的性别,如下述例 106:

例 106

Office Terry Garwin arrived at the scene[1] five minutes after the accident. *She* immediately blockaded[2] the area.

为了表达对于某种职业的尊重,我们时常在这些人的姓名前加注其工作上的职称,如 President Bush、Dr. Bronner。因此,在前述情况下,你可在当事人的姓名前加注其职称抬头。但有些职称(如证人、律师),在真实社会中并非常见,因此,在写作上我们通常不会在此等人的姓名前加注其职称,如下述例 107:

例 107

Richard Guyett and Claudia Jackson were the only witnesses to the accident. The police interviewed *witness Guyett* one hour after the accident occurred.

为了使阅读法律意见书或是诉状的人不会在诉讼角色上发生混淆,你可以在当事人的姓名前,加注其在诉讼上的角色,如下述例 108:

【词汇补充】
1. scene (n.) 〔事件发生的〕地点;现场
2. blockade (v.) 封锁

例 108

Plaintiff *Citibank* submits this memorandum in support of its motion for summary judgment.³ *Citibank* is the payee⁴ on a promissory note⁵ executed by *Defendant Hackles.* The note came due⁶ almost a year ago and *Hackles* did not pay it.

六 以名字的方式来称呼当事人时，应谨慎为之

在某些情况下，以名字的方式来称呼当事人是适当的。如当事人两造的姓氏皆属相同时，以名字来称呼两造当事人，可避免发生混淆的情形。举例来说，在离婚案件中，倘若以 John、Mary 当事人名字的方式来代替以 Mr. Smith、Mrs. Smith 等当事人姓氏的方式来称呼当事人，可能较为清楚、有效。

此外，当未成年人为当事人的一造时，以未成年人的名字来称呼该名未成年人，亦不失为一种可行的方式。

七 避免使用"首字母缩略词"

首字母缩略词（initialese）的表达方式，常用于一些经常使用的语辞或专有名词，但是此种表达方式会使得你的文句看起来像是化学公式：

【词汇补充】

3. summary judgment（n.）简易判决

4. payee（n.）收款人

5. promissory note（n.）本票；期票

6. due（a.）到期的

第八章 案例名称

例 109

MLPF&S was an ERISA fiduciary of the PSP.

MLPF&S 是 Merrill Lynch, Pierce, Fenner and Smith 的缩写；ERISA 为 Employee Retirement Income Security Act 的缩写；PSP 是 Profit Sharing Plan 的缩写。ERISA 是常被使用的法案名称的简称方式，在法律文书写作时，可继续使用此一简称方式来表示此一法案。但有关 Merrill Lynch, Pierce, Fenner and Smith 以及 Profit Sharing Plan 应以 Merrill Lynch 及 the plan 的方式来表示为佳。基于前述的说明，例 109 可作如下的修正：

例 110

Merrill Lynch was an ERISA fiduciary of *the plan*.

八、是否须在诉讼角色前加注定冠词 the，写作者具有决定权

你可以选择是否在诉讼角色（Plaintiff、Defendant、Appellant、Appellee、Petitioner、Respondent）前加注定冠词（如下述例112）或不加定冠词（如下述例111）。此一写作规则仅适用于诉讼角色，其他法律上的角色（如捐赠者、受捐赠者、继承人及遗嘱执行人）并不都适用：

例 111

The accident occurred while *Plaintiff* was driving south on Elm Street.

例 112

The accident occurred while *the Plaintiff* was driving south on Elm Street.

就我个人的写作习惯而言，我通常会在诉讼角色前加注定冠词，因为我主观上认为，未在诉讼角色前加注定冠词，会使文句听起来犹如在论述一般法律原则的语气。

九 以现实生活中所扮演的角色来称呼被你所引用判决中的当事人

当你在引用判决且须提及所引用判决中的当事人时，应尽量以该当事人在其日常生活中所扮演的角色（如承租人〔tenant〕、雇用人〔employer〕），而非以其在诉讼中的角色（如：原告、被告、上诉人、被上诉人）来称呼该当事人。举例来说，如果你正在处理的案件是有关货物买卖的，你将不可避免地引用数则有关买卖的判决。毫无疑问，在此等判决中，当事人的两造应当是所谓的买受人与出卖人。以买受人与出卖人来称呼你所引用判决中的当事人，将使阅读者能清楚地掌握你所要陈述的事实：

例 113

The Third Circuit dealt with unconscionability in a commercial context in Chatlos System v. National Cash Register Corp., 635 F. 2d 1081 (3rd Cir. 1980). In Chatlos, *the buyer* bought a computer that broke down after only three months of use. *The seller* never successfully repaired it. Id. at 1084.

如何称呼你所引用刑事判决中的当事人，是前述写作规则的唯一例外。当你需引用刑事判决时，当以该当事人在第一审中所扮演的角色，来称呼此等当事人。尽管你所引用的刑事判决是上诉审法院的判决，你仍然应以该当事人在第一审时所扮演的诉讼角色，如 the defendant，而非 the appellant 或 the appellee 来称呼该当事人。

第八章 案例名称

> 当你在诉状或意见书中引用判决时,须辅以圆括弧加注当事人的角色。当事人名字被重复提及时,对于该判决中被重复引用的当事人,可径以当事人的名字来称呼当事人

当你第一次提及被引用的判决事实时,对于判决中的当事人,你可以当事人在其原始法律关系中所扮演的角色来称呼该当事人。有关此一写作规则的运用,可参考例 114:

例 114

In Chatlos, the buyer (Chatlos) bought a computer that broke down after only three months of use. The seller (NCR) never successfully repaired it.

当你第一次对于会被重复引用的当事人,为上述例 114 的表达后,就之后同一判决当事人的引用上,你可仅以当事人的名字来称呼当事人,如例 115:

例 115

The court stated:"NCR repeatedly attempted to correct the deficiencies, but still had not provided the product warranted a year after Chatlos had reasonably expected a fully operational computer." Id. at 1086.

倘若在重复提及同一当事人的情形下,你需要特别强调该当事人在其基础法律关系上所扮演的角色时,你可选择下述例 116 及 117 的表达方式:

例 116

The court stated:"[The seller] repeatedly attempted to correct the deficiencies, but still had not provided the product warranted a year after [the buyer] had reasonably expected a fully operational computer." Id. at 1086.

例 117

The court stated: "NCR [the seller] repeatedly attempted to correct the deficiencies, but still had not provided the product warranted a year after Chatlos [the buyer] had reasonably expected a fully operational computer." Id. at 1086.

此外，在重复引用同一判决当事人的情况下，倘若在文句中已可辨别当事人在其基础法律关系中的角色，你可径以当事人的名字来称呼该当事人，请参考下述例 118：

例 118

In Chatlos, Chatlos bought a computer that broke down after only three months of use. NCR, the seller, never successfully repaired it. Id. at 1084.

十一、以第三人称单数代词 it 来称呼私法人或机关组织

私法人(business entity)的商业组织如公司(corporation)、合伙(partnership)，以及机关组织(institution)如大学、政府机关等，应以第三人称单数代词 it 来称呼，其具体的适用，可参考例 119：

例 119

IBM makes volume discounts available to *its* [not their] larger customers.

有时以第三人称单数代词来称呼私法人或政府组织，在句意上若有不自然的情况发生时(如下述例 120)，可尝试以下述两种建议方式来作修正：(1) 以自然人(individual)来代替私法人或政府组织(如下述例 121)；(2) 将句子的语态

改为被动式（如下述例122）：

例 120
Field called IBM and it told her the warranty on her computer had expired.

例 121
Field called IBM and a customer representative told her the warranty on her computer had expired.

例 122
Field called IBM and *was told* the warranty on her computer had expired.

十二、从当事人的角度去进行法律争点的攻防

我们都知道，在诉讼上从事法律争点攻防者是当事人所委任的律师，而非当事人。然而在诉讼上，该如何就法律层面的争点去作辩论，须从当事人的角度去作思考。此种争点的辩论思维方式，亦应运用在诉讼文书的写作上。举例来说，假若你是IBM公司在诉讼上所委任的律师，在诉讼书状或法律意见书争点辩论的表达上，你应以"IBM公司主张"（IBM will argue）的方式来代替"IBM的受任律师主张"（*Counsel for IBM will argue*）的争点表达方式。

第九章 引注
Citations

第九章 引注

一、引注的格式，常是读者判断你专业能力的基础

判断写作者的写作能力是困难的，但引注的格式，常为读者判断写作者专业能力的线索之一。《蓝皮书：法律写作统一引注手册》(The Bluebook：A Uniform System of Citation，以下称《蓝皮书》)是从事法律文件写作者在引注时主要的参考依据。不巧的是，《蓝皮书》所提供的写作者参考的引注规则实在太过于繁杂。因此，我个人针对复杂繁琐的《蓝皮书》加以整理后，出版了简单明了的解读版——User's Guide to the Bluebook，希望可帮助写作者快速掌握《蓝皮书》中所规范的各种引注规则。

二、引注时使用加下划线的方式来替代斜体字

在引注及内文部分皆使用同样的字体：普通的罗马字体及下划线。《蓝皮书》中的实务人士笔记(practitioners' note)第一页说明，在呈庭的文件及法律意见书中使用下划线而不要使用斜体字，因为在执业上加下划线的方式较为常见。

但也不要因此废弃在《蓝皮书》的多数例子中使用的斜体字及大小写字母，因为这些例子中的字体也适合在法学期刊的脚注中出现。

三、在引注条文时，如果无法使用代表条文的符号§，你可直接以 sec. 的方式来代替

当你的打字机或打印机没有提供代表条文的符号§时，在写作上你应如何处理？《蓝皮书》对此问题并未提供任何指示。因此，在此情况发生时，学生常以奇奇怪怪的各种符号或图形，如小写的 s、代表金钱的 $，或是以@的图形来代替。然而前述的代替方式，就法律写作而言，并非正确的表达方式。

我个人建议,当你的打字机没有表示条文的符号 § 时,你可使用 sec.(条款英文的缩写)来代替:

例 123

The statute exempts[1] from disclosure[2] "intra-agency[3] memorandums."[4] 5 U.S.C.[5] sec. 552(b)(5).

如果你要在文章中引用法条时,依据《蓝皮书》规则 6.2(b)的规定,你必须将条款的全文(section)写出,不可使用缩写:

例 124

Under section 552(b)(5), "intra-agency memorandums" are exempt from disclosure.

四 引注不但妨碍文句通顺,同时亦是阅读流畅性的障碍

引注不但会妨碍文句通顺,而且会使得你的文章令阅读者感到难以阅读,如下述例 125:

【词汇补充】

1. exempt (v.) 免除(某人的义务或责任)
2. disclosure (n.) 揭发;泄漏
3. agency (n.) 代理
4. memorandum (n.) 摘要;备忘录
5. U.S.C. 是 United States Code 的缩写

第九章 引注

例 125

In Tiedeman v. Morgan, 435 N. W. 2d 86（Minn. Ct. App. 1992），[6] the court interpreted[7] the Good Samaritan Law.[8]

如何避免上述不当放置引注的问题，在写作技巧上，有以下两种修正方式：

将引注以单一句子的形态来处理：

例 126

The court interpreted the Good Samaritan Law in Tiedeman v. Morgan, 435 N. W. 2d 86（Minn. Ct. App. 1992）.

将引注完全从句中移除：

例 127

The court has recently interpreted the Good Samaritan Law. Tiedeman v. Morgan, 435 N. W. 2d 86（Minn. Ct. App. 1992）.

五 引注句在角色的扮演上就如同随文脚注

当你第一次引用某则判决时，你须以引注句（citation sentence）的方式对该则判决为全引注（full citation）。同时你也必须考虑到在之后的文章中，倘若你再

【词汇补充】

6. 在上述例 125 中，Tiedeman v. Morgan, 435 N. W. 2d 86（Minn. Ct. App. 1992）.的引注模式就是所谓的"全引注"（full citation）。
7. interpret（v.）解释
8. Good Samaritan Law（撒玛利亚法律）：一种保护非执勤中或下班后的医护人员的法律，使医护人员免除在紧急情况下，于非执勤时间因协助他人而被控以医疗过失。

次引用同一判决时,你该如何处理同一判决重复引用时的引注问题。

　　在上述例 127 中,全引注系以引注句的形态来作处理,看起来就同对你所引用的资料下脚注。因此,当你在之后的文章中再次引用同一判决时,你可以短引注(short form citation)的方式来作同一引注资料的处理,如例 128:

例 128

The court has recently interpreted the Good Samaritan Law. Tiedeman v. Morgan, 435 N. W. 2d 86（Minn. Ct. App. 1992）. In Tiedeman, a seventeen – year – old boy was at the home of his girlfriend when he became ill.

　　切记勿以 there 或 that case 的方式,来表达前文中已出现的全引注。有关此原则的适用,可参考下述例 129:

例 129

The court has recently interpreted the Good Samaritan Law. Tiedeman v. Morgan, 435 N. W. 2d 86（Minn. Ct. App. 1992）. *In that case*, a seventeen – year – old boy was at the home of his girlfriend when he became ill.

六 当你引用判决中某特定段落时,须特别在引注中标示出你所引用段落的页数

　　当你在引文时,须以引注的方式向读者交代出处。同样地,当你于文章中提及某判决的事实或意见时,尤其当你所提及的是该判决法院的意见,或该判决所建立的法规则时,你需以引注的方式向读者交代,此段你所提及的意见或法规则位于该则判决中的何页:

例 130

The court has recently interpreted the Good Samaritan Law. Tiedeman v. Morgan, 435 N. W. 2d 86（Minn. Ct. App. 1992）. It held that the statute supplements[9] the common law duty to rescue.[10] Id. at 89.

在上例中的第二个句子后,作者不是以摘录原文的引文方式,而是以指出页数（Id. at 89）的引注方式,向读者交代此项法院意见或主张在原本判决书中的页数。

例 131

The court has recently held that the Good Samaritan Law supplements the common law duty to rescue. Tiedeman v. Morgan, 435 N. W. 2d 86, 89（Minn. Ct. App. 1992）.

当你第一次引用判决中某特定页数时,你须以全引注的方式标示出你所引用资料的页码,如例 131 中 86 系为该判决的开始页码,89 为作者所引用资料的所在页码。

七、对于相同内容的引用,仅须在第一次引用时加以引注

当你第一次引用判决或其他法源的某特定页数时,你必须以引注的方式交代你所引用资料的出处。然而此一引注的目的,系在于证明你并非虚构某项事实或主张。在你已对引用的资料交代出处后,纵使在之后的文章中,你重复使用此相同的引用内容多次,你亦无须对此相同的引用内容再重复引注。

但是如果你所重复引用的内容,对于该段落的写作是重要且关键时,你可以对此相同内容的引用再一次作引注。

【词汇补充】
9. supplement（v.）补充
10. duty to rescue 救助义务

八 适当放置引注,可避免引注出现在每一个句子句末的情况发生

虽然你需要对你所引用的所有资料加以引注,但你无须在每一个句子的句末皆附上引注。因为如此的引注方式,不仅在写作格式上不适当,同时也会分散读者在阅读上的注意力。因此,适当放置引注的位置,将可有效地避免因不适当引注所可能产生的缺失。

当你在引用某一则判决法院的意见或是该判决所建立的法规则时,只要引用未超过两个句子,你不需要在每一个句子的句末都作上引注。假若你所引用的内容已超过两个以上的句子,此时你必须对于你所引用的内容附上引注。

如何有效地描述你所欲引用判决的事实,可参考例 132:

例 132

The Minnesota Court of Appeals has recently interpreted the Good Samaritan Law. Tiedeman v. Morgan, 435 N. W. 2d 86（Minn. Ct. App. 1989）. In Tiedeman, a seventeen-year-old boy was at the home of his girlfriend when he became ill. His girlfriend's parents were aware he had heart problems. Yet when his girlfriend dialed 911 for help, her father canceled the call. Her father then asked the boy whether he wanted to go to the hospital, but the boy said he felt better and did not need to go. A half hour later, the boy suffered a heart attack that caused severe brain damage. Id. at 87. The court held that on these facts the girlfriend's parents may have violated[11] their statutory duty[12] to assist the boy, and that therefore summary judgment[13] against the boy was inappropriate. Id. at 89.

【词汇补充】

11. violate（v.）违反;触犯
12. statutory duty 法令上的义务;法律上的义务
13. summary judgment 简易判决

第九章 引注

在上例中,作者依前述的写作规则,仅在完成其所欲描述事实的句末,才为引注(如:Id. at 87)。

然而以下两种情形为例外,不适用前述的写作规则。你须经常或在每个特定的页数引注:(1)判决内容冗长,判决的事实超过三页;(2)特定的判决事实对你的分析既关键又重要。

九 如何使用"短引注"

《蓝皮书》就判决的短引注格式,提供写作者数项选择:

下述是在写作上可被接受以短引注的方式来表达特定页数的方式:

例 133

Tiedeman v. Morgan, 435 N. W. 2d at 89.

例 134

Tiedeman, 435 N. W. 2d at 89.

例 135

435 N. W. 2d at 89.

如果此一判决的案名,在先前的文章中已经出现过,以短引注的方式来引注该判决,并无使读者发生混淆之虞,就引注的格式而言,此一短引注的方式是可被接受的。但是若会使读者在阅读时混淆,应以 Tiedeman, 435 N. W. 2d at 89 的方式来为短引注。

连续引用同一引注的情况下,在第二次提及同一引注时,你可使用"同前注"(Id.)的方式来为引注。但是此引注方式若会使读者不知你所言的同前注系指何前注时,应避免此引注方式:

例 136

Id. at 89.

判决名称辅以页数号码,不是一种正确的短引注格式。如下述例137

例 137

Tiedeman at 89.

在对州法院所提出的诉状中,若引用同一州法院的判决时,对于此等判决的引注须以平行引注(parallel citation;见附录一)之方式为之。全引注的平行引注格式如:Smith v. Hubbard, 253 Minn. 215, 91 N. W. 2d 756(1958)。其他短引注及同前注的平行引注格式可参考例138 与139:

例 138

253 Minn. at 225, 91 N. W. 2d at 764.

此为"短引注"平行引注的范例。

例 139

Id. at 225, 91 N. W. 2d at 764.

此为"同前注"的平行引注的适例。

所引用判决的案名若已在引注句中出现(如例140),句末的引注方式可仅以"判决案号"的短引注方式(如例135)为之:

例 140

In Tiedeman, the court held that the statute supplements the common law duty to rescue. Tiedeman, 435 N. W. 2d at 89.

第九章 引注

因为在引注句中已提及所引用判决的案名,因此,句末的引注方式应省略案名,以 435 N. W. 2d at 89 的判决案号为之。

在未用"全引注"前,禁止以"短引注"的方式来处理"判决引注"的问题

在下例中,一开始便以短引注的方式来表示该则被引用的判决,在写作技巧上是不正确的:

例 141

In Tiedeman, the Minnesota Court of Appeals interpreted the Good Samaritan Law. Tiedeman v. Morgan, 435 N. W. 2d 86 (Minn. Ct. App. 1989). It held that the statute supplements the common law duty to rescue. Id. at 89.

在下面的例子中,短引注在全引注的后面才首次出现,这样是正确的:

例 142

The Minnesota Court of Appeals has recently interpreted the Good Samaritan Law. Tiedeman v. Morgan, 435 N. W. 2d 86 (Minn. Ct. App. 1989). In Tiedeman, the court held that the statute supplements the common law duty to rescue. Id. at 89.

十一 避免使用序言性质的符号

将序言性质的符号(introductory signals),如参照此例子(See, e. g.)、符合(Accord)、相反(Contra)、比较(Cf.),置于引注(判决或是成文法)的一开始,乃在于表现你是如何运用判决或是其他法源。但是就法律写作而言,使用前述序

言性质的符号是不适当的。在写作过程中,当你需要引用任何法源时,最清楚的起头方式,便是开门见山,使用不加任何序言性质符号的方式,直接介绍此则你所欲引用的法源。

十一 对于含有写作者个人意见的句子,不须在句末以引注的方式交代形成你个人意见的相关判决

引注的主要目的,系在对读者交代你所引用资料(判决或是法条)的出处。因此,引注通常皆置于单纯陈述引用资料句子的句末。引注前的句子,其主要的目的是在单纯陈述你所引用判决或是成文法的内容,因此,对于含有你个人论点或价值判断的句子,尽管此句子的内容是你适用某判决或成文法所形成的结论,你也不需要在此句子的句尾加任何的引注:

例 143

Sportco can revoke[14] the contract on the grounds of[15] mutual mistake.[16] <u>Tannick v. Heins</u>, 508 N. E. 2d 889(Ohio 1991)。

上例中的引注方式,违反了"引注仅用于单纯陈述你所引用的判决或其他法源论点"的基本原则。例 143 在引注前的句子,并非在单纯陈述所引用判决中的论点,而是写作者适用被引用判决所建立法规范后对自己案件所得的结论。在此种情况下你无须特别在句末加引注。

如何适用被你所引注判决的意见到你的个案?在写作技巧上的处理不外乎是(1)先陈述你所引用的法源,且于句末辅以引注;(2)将你所引用法源的论点套用到你所正在处理的个案中,以形成结论。有关此写作技巧的运用,

---

【词汇补充】

14. revoke(v.)撤销
15. on the grounds of 因为;以……为理由
16. mutual mistake 相互意思表示的错误

第九章 引注

可参考例144：

例 144

A mutual mistake is grounds for revoking a contract. Tannick v. Heins, 508 N. E. 2d 889 (Ohio 1991). Sportco can revoke its contract with Sanchez because the parties made a mutual mistake about which property was being sold.

有时你亦可将该则被你引用的判决所建立的法规范，以中立的立场且不加引注的方式，适用于你正在处理的个案。有关此写作规则的运用，可参考例145：

例 145

If Sportco can show a mutual mistake, it can revoke the contract. Tannick v. Heins, 508 N. E. 2d 889 (Ohio 1991).

附录

平行引注：系指在为判决（无论其为联邦法院或是州法院的判决）引注时，提供一个以上的判决书汇编（reporter）。[i]

为了使读者能更了解"平行引注"的实际运用，以下举例说明：

实例：Jackson v. Buesgens, 290 Minn. 78, 186 N. W. 2d 184（1971）.[ii]

〔解说〕

1. 上例所引用之判决系为明尼苏达州最高法院（Minnesota Supreme Court）所作成的判决。

2. 290 Minn. 78 所指的是 Minnesota Reports 第 290 卷 78 页。Minnesota Reports 亦是官方版明尼苏达州最高法院的判决汇编。

3. 186 N. W. 2d 184 所代表的是 North Western Reporter 第 186 卷 184 页。North Western Reporter 系为美国西方出版公司（West Publishing Company）所出版的一系列"地区判决汇编"（Regional Reporters）中的一套。North Western Reporter 是西方出版公司汇编 Iowa、Michigan、Minnesota、Nebraska、North Dakota、South Dakota 以及 Wisconsin 等州最高法院判决之汇编。

4. 290 Minn. 78, 186 N. W. 2d 184 引注的处理方式，就是所谓的"平行引注"。

5. 在为"平行引注"时须注意，官方版的判决书汇编（如例中的 290 Minn. 78）应置于民间公司所出版的判决书汇编（如例中的 186 N. W. 2d 184）之前。

---

[i] Alan L. Dworsky, User's Guide to the Bluebook（Colorado：Fred B. Rothman & Co.，1996），10.

[ii] Id.

第十章 引文
Quotations

第十章

一 尽可能少用引文

厘清案件事实,就整理过后的案件事实提出应适用的法规范,分析法规范,此乃一般读者对你法律写作的期待。基于前述读者对你写作内容的期待,过度的引文将会不自觉地阻断你与读者间的联系,亦会打断你文章的流畅性。

引文的适当时机为何?当原作者的文字在支撑你的论点上是不可或缺时,你才需要引文。如果有需要,你亦可对引文的原始文字予以改写。值得一提的是,只要你交代引文的出处,没有人会指责你抄袭。

二 如果引文是不可免的,引文的内容应愈精简愈好

冗长与整段式的引文,就读者视觉上的感受来说,是不舒适的。在为引文时,应尽可能引用原文中与你所讨论的争点最有关联的文字,省略其他与你所讨论争点无关的原文。如果长引文是不可避免的,为了抓住读者对于该段引文的注意力,尝试将原文中重要且关键性的文字加下划线。

三 对于冗长或困难的引文,须加以摘要

读者期待你为他们去摘要冗长且困难的引文,以方便他们阅读。如何摘要冗长且困难的引文?你可选择在引文前或引文后,对于引文的内容以自己的文字为读者予以摘要。在例146中,作者于引文后,以自己的文字为读者摘要引文内容:

例 146

A plaintiff's[1] contributory fault[2] does not bar[3] recovery "if the contributory fault was not greater than the fault of the person against whom recovery[4] is sought." Minn. Stat. sec. 604.01, subd. 1. *Thus, if the plaintiff was more than fifty percent at fault, recovery is barred.*

四 尽可能使引文的内容与你的文章融为一体

当你在引文时,你需注意到引文的内容在语法上是否能与该段文字融合为一体。倘若你仅随意地摆置引文,而忽略了文章的流畅性,这样的引文将会使你的文章看起来像剪贴而成的:

例 147

Mushki's own negligence[5] in relying on the car dealer's misrepresentations[6] could affect[7] his recovery. "We hold[8] that the principles of comparative responsibility apply to negligent misrepresentation." Florenzano v. Olson, 387 N.W.2d 168, 176 (Minn. 1986). "Without question, principles of comparative negligence[9] would not apply to an intentional tort[10]; we

---

【词汇补充】
1. plaintiff (n.) 原告
2. contributory fault 与有过失
3. bar (v.) 禁止
4. recovery (n.) 损害赔偿
5. negligence (n.) 过失行为
6. misrepresentation (n.) 虚伪陈述;与事实不相符合的陈述
7. affect (v.) 影响
8. hold (v.) 主张
9. comparative negligence 相对过失
10. intentional tort 故意的侵权行为

have never so applied them." Id. at 175. Therefore, if the car dealer's misrepresentations were intentional, Mushki's negligence would not affect his recovery. But if the car dealer's misrepresentations were negligent, Mushki's recovery could be reduced or barred.

在上例中,作者的引文显然与该段落所讨论的内容格格不入。为了避免文意上不流畅,当你在引文时,应设法使引文的内容与引文内容所在的段落,在文意论述上呈现出自然的连接。简言之,也就是使引文的内容成为该段落不可或缺的一部分。例 148 就是有关此一写作规则具体运用的适例:

例 148

Mushki's own negligence in relying on the car dealer's misrepresentations could affect his recovery. *The Minnesota Supreme Court held recently that* "the principles of comparative responsibility apply to negligent misrepresentation." Florenzano v. Olson, 387 N. W. 2d 168, 176 (Minn. 1986). But the court stated that "without question, principles of comparative negligence would not apply to an intentional tort." Id. at 175. Therefore, if the car dealer's misrepresentations were intentional, Mushki's negligence would not affect his recovery. But if the car dealer's misrepresentations were negligent, Mushki's recovery could be reduced or barred.

当引文的内容构成你句子的一部分时,你必须设法使引文的内容在语法上能与你的句子相互衔接。例 149 就是引文的内容与该句子在语法上不能互相配合的一个具体适例:

例 149

Mushki stated in *his* deposition[11] that *he* "placed[12] my total reliance on the car dealer to choose a car that was mechanically sound."

在上例中,引文内容以"我的"第一人称所有格来指称 Mushki ,然而在句子的其余部分,作者却以第三人称的"他的"来表示 Mushki 。非常明显地,作者句子一部分的引文内容,在语法上并未与句子的结构相吻合。下述例 150 、151 及 152 提供了一些写作方法,说明如何避免引文内容与句子结构互相冲突的情况:

例 150

Mushki stated in *his* deposition that *he* "placed [*his*] total reliance on the car dealer to choose a car that was mechanically sound."

例 151

Mushki stated in *his* deposition that *he* placed *his* "total reliance on the car dealer to choose a car that was mechanically sound."

例 152

In his deposition, Mushki stated: "*I* placed *my* total reliance on the car dealer to choose a car that was mechanically sound."

【词汇补充】

11. deposition (n.) 证词
12. place (v.) 寄予(信赖等)

第十章 引文

五 以缩排、单行间距的方式来处理重要或冗长的引文

长或重要的引文应以左右缩排、单行间距且不用引号的区块引文（block quotation）方式来作处理。此外，有关引文的引注部分（citation），应避免将其置于区块引文内，而应在区块引文后重新开始新的一行，且以双行间距的方式来为引注。有关此写作规则的适用，可参考例153。

值得一提的是，在法律意见书或是诉状的书写格式上，除了在作区块引文时，写作者应以单行间距的方式来处理此区块引文外，意见书或是诉状的其余内容，均应以双行间距的方式来处理版面。

例 153

The Court in Florenzano defined the circumstances in which fraudulent[13] intent[14] was present：

> Intent is present when the misrepresenter[15] knows the matter is not as he or she represents it. Intent is also present when a misrepresenter speaks without qualification,[16] but is conscious[17] of ignorance[18] of the truth, or realizes the information on which he or she relies is inadequate to support such an unqualified assertion.[19]

387 N. W. 2d at 173（emphasis added）. Thus, knowledge of falsity[20] is not required for fraudulent intent.

【词汇补充】
- 13. fraudulent（a.）诈欺的
- 14. intent（n.）主观上的意图
- 15. misrepresenter（n.）虚伪陈述者
- 16. qualification（n.）资格
- 17. conscious（a.）意识到
- 18. ignorance（n.）不知情
- 19. assertion（n.）主张；宣称
- 20. falsity（n.）诈欺

虽然《蓝皮书：法律写作统一引注手册》(*The Bluebook：A Uniform System of Citation*)规则第5.1节规定，引文的内容若少于49个字或更少时，应避免以区块引文的方式来为引文。但当法律工作者碰到一短引文，且此短引文对其论点极为重要时，你可能就必须违反此一写作规则。

六 如何在引文时正确地使用标点符号

句点与逗号须置于双引号之内：

例 154

Mushki stated the car was "*mechanically sound*," but in need of "minor repairs."

分号与冒号须置于双引号之外：

例 155

Under section 1961(4), there are two requirements for a "*pattern*": relatedness and continuity.

问号与惊叹号须置于引号内或引号外，须视这些符号是否为引文的一部分而定：

例 156

The prosecutor then asked："When did you last see the *victim*?"

第十章 引文

七 对引文的原始内容有所修正（如改写或省略）的情况下，在写作上标明此修正

当引文的内容构成你句子的一部分时，你不需要对于引文的内容（无论在引文原始内容的开始或结尾处）已经过省略的情事，加以特别说明。有关此规则的运用，可参考例157：

例 157

When the employment is at-will,[21] "the employer can summarily[22] dismiss[23] the employee for any reason or no reason." Pine River, 333 N. W. 2d at 627.

例157中原始引文的完整内容如下："This means that the employer can summarily dismiss the employee for any reason or no reason, and that the employee, on the other hand, is under no obligation to remain on the job."

当引文内容有所省略时，应以三个句点构成的省略符号（ellipsis[...]）来表示省略的部分。

例 158

"Where the hiring is for an indefinite term ... the employment is said to be at-will." Pine River, 333 N. W. 2d at 627.

在使用此省略符号时须注意，第一个句点前与最后一个句点后，皆须有一个空格。

【词汇补充】

21. at-will employment：可随时终止雇主跟雇员之间关系的雇佣契约
22. summarily（adv.）随时地；即刻地
23. dismiss（v.）解雇

此外，当你省略引文中的引注或注脚时，你只需要以圆括弧（parentheses）标示引注省略或注脚省略即可。

当你选择在一个段落的开始，以一个完整句子的形态来为引文时，尽管引文的内容在一开始的地方做了省略，你也不可以在引文的一开始处就以省略符号的方式来告诉读者，引文内容在一开始处是有所省略的。取而代之的方式是，将引文的第一个字母大写且加上方括弧（brackets），来向读者传达原始引文内容在开始处已被引用者省略的讯息。

当你就引文原始内容的结尾部分有所省略时，你应以四个句点来表示（前三个句点为省略符号，最后一个句点为该句子结束的句点）。须特别注意，前三个代表省略符号的句点中的第一个句点，须与最后一个单字间有一空格的距离。

例 159

"[T]he employer can summarily dismiss the employee for any reason or no reason …" Pine River, 333 N. W. 2d at 627.

上例系为引文前、后皆有所省略的适例。

例 160

"Where the hiring is for an indefinite term, as in this case, the employment is said to be at-will … [T]he employee is under no obligation to remain on the job." Pine River, 333 N. W. 2d at 627.

在例 160 中，四个句点所代表的是，第一个句点用以表示前面一完整句子结束，后三个句点是用以表示在第二个所要引用句子的一开始是有所省略的。

欲正确地使用空格，你必须记住：句号代表一个句子的结束。若你没有省略引文内容中某个句子句尾的任何一个字时，句子结尾的句号需紧跟在句尾的最后一个字后出现，如例 160 的 at-will，这个字跟其后的句点间没有留空格。

若你省略引文内容中某个句子句尾的某些字时，句子结尾需以省略符号再

第十章 引文

加上一个句号表示,且句尾的最后一个字跟省略符号间需留一空格,如例 159 的 reason 跟紧跟其后的省略符号间有一空格。

当你想特别强调引文中的部分文句时,你可在此等你所欲强调的文句下面加注底线,且于引文的最后标示 emphasis added(特别强调)等字样的方式来作表示。有关此一写作规则的运用,可参考例 161:

例 161

When the employment is at-will, "the employer can summarily dismiss the employee for any reason <u>or no reason</u>." Pine River, 333 N. W. 2d at 627 (emphasis added).

如果你在引文中加上某些在原文中没有的文字时,你必须将你所增加的文字置于方括弧内。有关此一写作规则具体的运用,可参照例 162:

例 162

"This means that the employer can summarily dismiss the employee for any reason or no reason, and that the [at-will] employee, on the other hand, is under no obligation to remain on the job." Pine River, 333 N. W. 2d at 627.

八 避免将法律专业术语加引号

专业的法律语词如:不言自明的事实(res ipsa loquitur)或是禁止反言(collateral estoppel)等,皆无须加注双引号。但有些一般用语在特殊的情况下兼具有法律上的意义,此时,你可例外地将此等用语加注双引号。举例来说,有许多法条中所谓的人(person),并非一般意义上的自然人,而专指如公司(corporation)等私法人。此时,因为此等用语除了其所具有的一般意义外,仍兼具有法律上的特殊涵义。因此,对于此等用语加注双引号来表示其具有的特殊性,仍有其必要。

> **例 163**

Intercorp was a "person" under section 1961(4).

不适当地使用双引号，不但妨碍文章的流畅性，亦会造成读者在阅读上的困难。因此，在无双引号而仍可清楚表达句意的情况下，应尽可能避免双引号的使用。相同的语词重复使用时，若因为此等语词在法律上有其特殊的意义须加注双引号时，你只需要在第一次使用时加注双引号即可。有关此一规则的适用，可参考例 164：

> **例 164**

The Eighth Circuit uses a two-pronged test that requires both "*relatedness*"[24] and "*continuity*"[25] to establish a pattern of racketeering.[26] Id. The allegations in the Complaint fail to satisfy the *relatedness* prong as to Intercorp.

【词汇补充】

24. relatedness（n.）相关性
25. continuity（n.）连续性
26. racketeering（n.）诈骗

第十一章

法源的引用
Authority

第十一章　法源的引用

一　引用法源来支持你法律上的论点

　　法源（判决、成文法或是行政命令）是进行任何法律论点辩论的基础。当你讨论任何法律上的争点时，你必须立即引用适当的法源来支持你的论点。在法院为言词辩论时，若你所依赖的法源基础是一般人不容易找到的，如未出版的判决或是不易获得的行政命令，此时，你必须将此等法源附在你对法院所提出的书状中。就法律意见书而言，如果该项法源对你正在讨论的争点是重要的，你也必须将其附在该项法律意见书之后，以供阅读者参考。

二　"必要性法源"是你论点（法律层面）的主要基础，其他非必要性的法源为支持你论点的辅助资料

　　宪法（constitution）、成文法（statute）、判决（case）以及法律原则（rule），皆属于强制性质的法源，也就是一般法源分类上所谓的"主要性法源"（primary authority）。在你所属的司法管辖区域内的主要性法源，对于该司法管辖区域内的法院而言，属于一种"必要性法源"（mandatory authority）。此种"必要性法源"，会影响你所正在处理案件的诉讼结果。

　　因此，在讨论任何法律上的争议问题时，首先你应寻找"必要性法源"以作为支持你论点的法源基础。举例来说，当你的案件所涉及的争点是属于州法的范畴时，州最高法院就与你所讨论争点相关的成文法所表示的意见，或是州最高法院就你所正在讨论的争点所作成的相关判决，对于你所正在处理的案件来说，皆属于"必要性法源"。

　　其他司法管辖区域的"必要性法源"，对于非属于同一司法管辖区域的案件来说，乃为"说服性法源"（persuasive authority）。就你所正在处理的案件，若你可以找到"必要性法源"，应引用此等"必要性法源"来支撑你的论点。

例 165

A repair remedy fails of its essential purpose when the seller fails to make repairs within a reasonable time. <u>Kelynack v. Yamaha USA</u>, 394 N. W. 2d 17, 20（Mich. Ct. App. 1986）; <u>Jacobs v. Rosemount</u>, 310 N. W. 2d 71, 75（Minn. 1981）.

在上例中,倘若密歇根州法是该案件法律争点的"必要性法源"时,密苏里州判决的引用,对于讨论中的法律争点并无任何实质上的意义,因为在法源的地位上,该密苏里州的判决是属于"说服性法源"。在你所讨论的争点已有"必要性法源"时,应以该"必要性法源"为主。"说服性法源",仅于该案件争点并无"必要性法源"时,才具有实质上的意义。

法学期刊上的文章（law review article）、法律学者的论著（treatise）以及法律百科全书（encyclopedia）皆属于有价值的著作,但其并非法律,仅为法律的注释著作。对于此等法学著作,我们一般称"辅助性法源"（secondary authority）。"辅助性法源",仅于"主要性法源"不可得时,才可成为支持你论点的有力法源。通常"辅助性法源"是用于解释"主要性法源"以及填补"主要性法源"的不足。

当你觉得某项被"主要性法源"所引用的"辅助性法源"（如法律汇编〔restatement〕）对于你的案件有所帮助时,你可在引注此主要性法源时,附带提及此"辅助性法源"。有关此写作规则的适用,可参考下述例166:

例 166

Public duties created by statute cannot be the basis of a negligence action. <u>Calmanson v. Massey</u>, 574 So. 2d 109（Fla. 1991）（quoting Restatement（Second）Torts sec. 288（1965））.

避免在你的法律意见书或提出于法院的书状中,使用"主要性法源"、"必要性法源"、"说服性法源"以及"辅助性法源"等用语。因为此等用语,系用于教授法学院学生如何正确使用法源时使用,并不适用于实务工作者在意见书或是诉

第十一章 法源的引用

状的写作上。

举例来说,下述例 167 的书状写作方式,将不会出现在律师或是法官的书状中:

例 167

Hill is *mandatory authority* for this case.

通常,实务工作者会以下述方式来作表达:

例 168

Hill controls this case.

三、对于直接源自于成文法的法规范,你只需直接引用该成文法的规定已足,无庸再引用单纯仅适用该成文法的判决

当成文法是你案件的主要性法源时,你仅须直接引用该成文法已足,无需再引用仅单纯适用此成文法的判决。关于此写作规则的适用,可参考例 169:

例 169

Section 2-302 provides that if a contract was unconscionable at the time it was made, a court may refuse to enforce it. Worldwide Music v. CD City, 578 N. E. 2d 80 (N. Y. 1991).

除非例 169 中所引注的判决,对于成文法的法条内容有所解释,否则无须引用仅单纯适用此成文法的判决。

四 当联邦判决适用州法时，应言明其所适用之州法为何州的法律

德州的联邦地区法院对于争议案件应适用州法律时，并非一定要适用德州的法律。此时，"法律冲突"（conflicts of law）的原则，将帮助联邦法院决定它应适用何州的法律。因此，当你引用一个适用州法律的联邦法院的判决时，你须特别指明其所适用的州法是何州的法律。

例 170

The circumstances under which a contract will be held unconscionable were defined in Chatlos Systems v. National Cash Register Corp., 635 F. 2d 1081 (3rd Cir. 1980). There the Third Circuit, interpreting *New Jersey's version of section* 2-302, held that a contract is unconscionable when one party has no meaningful choice but to deal with the other party. Id. at 1085.

在例 170 中，联邦巡回上诉法院于其所审理的案件中适用州法，且同时指出其所适用的州法为新泽西州的法律。

五 "判例拘束原则"的适用及"判例拘束原则"适用上的修正

判例拘束原则，在美国的司法体系中扮演着极为重要的角色。但是无论是由判决所形成的法规范或是由成文法所建构的规范体系，通常会随着时间的经过而有所修正。对于一个陈旧不合时宜的旧判决所建立的法规范，法院系统会藉由新判决形成新的法规范的渐进方式，逐渐地修正老旧判决所建立的法规范。这就是为什么一则旧判决，虽然未被完全推翻（overrule），但是法院在相同争点的解决上，会引用年代较新的判决来取代旧判决所建立的法规范。

一个长久未被引用的判决其所建立的法规范，是否仍然有效？你必须综观一切与此判决相关的情况来作决定。倘若此判决在判例体系中仍处于一稳定的状况，则此判决所建立的规则，应该仍属于有效的法规范。

第十一章 法源的引用

就新判决所形成法规范的效力而言,在此新规则形成后的一段时间内,其对于其后同样争点的案件,是具有拘束性的。法院欲就一个判决所形成的法规范予以修正,通常需要时间逐渐地修正旧判决所建立的法规范。就如同一辆新车,未经过一段时间的试车,是无法看出来它在制造上潜在的瑕疵。因此,"引用一个新的判决会较旧的判决为佳",此种论述从前面的说明来看,不一定适当,反之亦然。在法律写作上,最佳判决的引用方式是:"以新判决来确认旧判决所形成的法规范。"有关此写作规则的适用,可参考例 171:

例 171

In a fraud action,[1] damages are limited to out-of-pocket[2] losses. Martin v. Stoltz, 430 N. W. 2d 207, 213(Minn. 1990); Lukes v. Hamm, 72 N. W. 812(Minn. 1897).

当一则新判决引用一则旧判决时,视此则旧判决的重要性,在写作上会有不同的处理。若此则旧判决并非重要,你可在句末以圆括弧(parentheses)的方式,指出此则新判决中所引用的旧判决(有关此一写作规则,可参考例 172)。但是若此则旧判决是属于重要性的判决时,你可以在句末以圆括弧指出此则旧判决被何则新判决引用(有关此写作规则,可参考例 173)。

例 172

In a fraud action, damages are limited to out-of-pocket losses. Martin v. Stoltz, 430 N. W. 2d 207, 213(Minn. 1990)(citing Lukes v. Hamm, 72N. W. 812(Minn. 1897)).

【词汇补充】

1. fraud action 诈欺诉讼
2. out-of-pocket(a.)赔钱的

> **例 173**
>
> In a fraud action, damages are limited to out-of-pocket losses. <u>Lukes v. Hamm</u>, 72 N. W. 812（Minn. 1897）(cited in Martin v. Stoltz, 430 N. W. 2d 207, 213（Minn. 1990）).

六 一个对你案件不利的判决，并非全无被引用的可能

假设你欲请求法院撤销你当事人因错误所缔结的和解契约，但在你一连串的案例搜寻下，可找到的与你当事人案例事实相同或近似的判决，其判决结果全都不利于你当事人，就此情形观之，即使你当事人的案件进入诉讼程序，也恐难获得胜诉判决。

但是不要因为你所找到的判决，其结果皆不利于你当事人的案件而感到气馁。法律争议问题的解决，并非全依你所引用判决的数量来决定胜负。不利于你当事人主张的判决数多寡，至多仅反应出法院就某一个争点的态度而已，并非意指你当事人案件的最终结果就是如此。

你可以设法去区别那些对你当事人案件不利的判决与你当事人案件究竟有哪些不同点。藉由事实的区别，可进而导出那些对你当事人案件不利的判决所建立的法规范，并不能适用到你当事人的案件的结果。

当你所找到的与你当事人案件相关的所有判决，其结果皆不利于你当事人时，你也不必急于放弃。仔细地阅读你的案件事实，细心地去区别你的案件事实与相关判决的案件事实，试图进一步去推演出可否因"案件事实"的不同，而导出不同的判决结果。

七 如何在句末运用圆括弧来补充不重要判决的案例事实

重要判决的案件事实，不适宜置于圆括弧内。置于圆括弧中的资料，其主要的目的是用来补充本文中的论述，而非用来取代本文。圆括弧的使用，在相当程度上会影响文章阅读上的流畅性。

第十一章 法源的引用

当你有一系列的判决可用来支持你的论点时,你可在每一段论述的句末,使用圆括弧来作与你主题论述有关的补充。有关此一写作规则,可参考例174:

例 174

Courts in other jurisdictions have held that a delay in making repairs of a month or less can cause a limited remedy to fail of its essential purpose: Albeniz v. Southtown Tractor, 516 A. 2d 823（N. H. 1986）（remedy failed where tractor not repaired for three weeks）; Shorter v. Allied Indus. , 426 N. W. 2d 877（Minn. 1988）（remedy failed where drill press not repaired for one month）; Systems Design v. AAA Boiler, Inc. , 737 P. 2d 619（Ore. 1987）（remedy failed where boiler not repaired for one month）.

八、禁止引用或引注判决中的判决提要

一般民间商业出版公司的编辑者,为了帮助读者在最短的时间内对于该则判决有初步的认识,在其所出版的判决汇编中,常将判决中的重要"法原则"或是在判决中曾出现的"法律专有名词"的定义以"判决提要"（headnote）的方式,来予以呈现。因为"判决提要"并非出自审理该案件法院的笔下,非属于判决的一部分,你仅可以将"判决提要"当做研究用的工具,不可将其当成"法源"（authority）来引用。

九、依你所需引用判决

法学院的学生在从事法律意见书或是诉状的写作时,常会有"到底要引用多少的判决来支持我的论点才算足够"的疑问。我个人对于法学院的学生常会建议:依你个人所需,尽可能地多引用相关的判决。但是如果有一个判决已涵盖你所处理案件的所有争点时,此一判决就是你唯一需要且不可缺少的判决。

当法律意见书或诉状的书写有页数上的限制时,此时你所可引用的判决数量也会受到限制。就争点的讨论而言,我的建议是,深度分析相关判决的内容,会较肤浅无深度地引用众多的判决来得更好。也就是说,"质量"较"数量"来得重要。

✚ 要判断"与你案件有关的所有相关判决"是否皆已被引用是困难的

"我所搜寻的判决是否已足够了呢?"这是法学院的学生在从事法律意见书与诉状的书写过程中常会询问的问题,而这也令人难以回答。在你已搜寻的所有判决间皆具有关联性时,所有法学研究的搜寻方法皆已被你用尽时,或是你的写作时间已结束时,从形式上来说,你的判决搜寻工作应算已经完成。

在法令多如牛毛的今日,即使是有经验的法律人,就其所研究的议题所为判决的搜寻是否足够,仍常令人怀疑。但是有时你也无法确认你所从事的判决搜寻结果是否有所遗漏,一切必须等到你接获对造诉讼文书时,你才会发现原来你所为的判决搜寻工作并未完备。如果你够幸运,对于你在诉状中所未引用的重要判决的案件的系属法院,法官会在审理过程中对你有所指示。总之,当你写作与资料搜寻的经验累积到一定程度时,你应该会有能力判断你所做的判决搜寻工作是否已足够。

✚ 十一 "相对要件"与"绝对要件"

不论是成文法的法条或是判例法所建立的法规则,其构成要件时常是由数种不同的要件所组成:相对要件(factor)、绝对要件(requirement、element)。当你在分析判例法所建立的法规则或是成文法的法条时,对于前述相对要件或绝对要件等用语的使用,在写作时应力求前后文用语一致。

在写作时,你也必须特别注意"相对要件"与"绝对要件"在意义上亦有极大

第十一章 法源的引用

的不同。"相对要件"是任意要件,非属于绝对必须具备的要件。因此,就法规所要求的"相对要件",当事人可能就某一"相对要件"举证不足,但在其他"相对要件"举证与攻防充足的情况下,仍可获得法院的胜诉判决。反之,若当事人举证与攻防不足的要件是法规构成要件中的"绝对要件"时,当事人毫无选择:其所主张的事实须全然符合此等要件,否则难逃败诉的命运。

第十二章

办公室备忘录
Office Memoranda

第十二章 办公室备忘录

当你找到第一份法律工作时,办公室备忘录(office memorandum,简称为 office memo)大概会是你第一个被指派的工作。你的老板会要求你写一份备忘录来回答与某位诉讼当事人相关的特定法律问题。之前介绍的几章都只片段地介绍法律写作,本章把之前几章作个总整理,并进一步介绍如何写一份办公室备忘录。

一、尽早准备第一份办公室备忘录草稿

本章所提出的法律分析结构建议,是建立在你对某个争点(issue)已充分地研究及分析的假设前提上,但不要等到你对这个争点的分析工作百分之百满意时才动笔,因为提笔写作通常对澄清思路有帮助。当你一直盯着电脑屏幕或纸本对某争点作分析时,这时你往往很难看到自己法律写作逻辑上的缺点及结构上的瑕疵。

因此,即便第一份办公室备忘录的草稿是粗略不完整的,你也应尽早准备,然后才能有充裕的时间从不同角度思考这个争点,或在截稿日前再回到图书馆寻找与此争点相关的资料。或者,你也可以暂时把草稿放在一旁,过个一两天后再试着从另一个角度重新检视它。

二、以客观角度撰写办公室备忘录

虽然办公室备忘录中对争点的回答必须客观,但这并不表示你不能抒发自己对某个争点的意见。只要你是从中立观察者的立场来分析案件事实及法律,并客观地陈述诉讼双方的意见,你所得出的结论可以是你的当事人胜诉或败诉这样较主观的说法。你可以预想法官或陪审团会如何看待你的案子,并试着预测判决结果。

若你的律师事务所正评估是否接一个胜诉才收酬金的案子(contingent-fee

case），你应该站在客观的角度分析这个案件。如果你的当事人败诉，事务所花费在这个案件上的人力及物力即使难以估量，也无法收取任何一毛钱。所以，在评估是否接下一个胜诉才收酬金的案子时，为了保护你的事务所及保住你的饭碗，你对这个案件胜诉几率的估算以趋向保守为佳。

相对地，如果你的事务所正评估是否接一个以时薪计酬的案子（hourly-rate case），因为这类案子即使你的当事人败诉，事务所仍然可以收取酬金，所以事务所难免会夸大当事人胜诉的几率。然而道德上，即便是以时薪计酬的案子，你仍应秉持客观的角度撰写办公室备忘录，把这种案件视同胜诉才收酬金的案子。举例而言，即使你的委托人已经准备好要付5万美金的订金，但如果这个委托人的案件是，他所居住的那个州，因为实行日光节约时间，而这额外的一个小时的阳光照射害得他的草坪枯死了，他因此要控告州政府，那么，你应该无视这5万美金的订金，而勇于向事务所提出拒接这个案子的建议。

当你的事务所接了一个案子之后，情势将会变得有些不同，因为你不但可以有自己的观点，而且还要从你当事人的角度出发，努力找到每一个对你的当事人有利的可能论点。

但不要因为你对你当事人的遭遇感同身受而影响了你的客观性，也不要因为想赢这场官司，而对判决结果作出过于乐观的预估。相反地，你应该试着猜测另一方会提出的争点。如果你做不到这点，那么，你提供给你的老板及你当事人的建议将会不充分，流于片面，并过于乐观。而实际上，他们需要知道的是这个案件真实的情势，并据以作判断。

三 办公室备忘录的格式是多变的

不像律师答辩书，办公室备忘录的格式不受任何规则或法规的拘束。在法学院里，最常见的格式包含了问题提出（Question Presented）、事实陈述（Statement of Facts）、讨论（Discussion）及结论（Conclusion）。有时候在问题提出之后还会包含简短回答（Brief Answer），在省略简短回答的办公室备忘录中，结论会被摆在问题提出之后，而不是放在整个办公室备忘录的最后面。

在执业时，并没有一定的办公室备忘录格式，只要所使用的格式能呈现你想

第十二章 办公室备忘录

表达的内容即可。通常,办公室备忘录中并不需要包含事实陈述部分,因为你的老板已经了解案件事实了。因此,当一份办公室备忘录中包含事实部分,应该把它缩小集中在与你所分析的争点有关的部分。

当我在二人组成的事务所工作时,我所使用的办公室备忘录只有两个部分:摘要(Summary)与讨论。摘要通常具备了问题提出、简短回答及结论的功能。由于把办公室备忘录的格式简化,我因此节省了许多时间,而且,摘要大概也是我老板唯一想看的部分。

当你初到事务所,被指派写你的第一份备忘录时,你可以问你的指导律师他是否有比较偏爱的格式,或者,你也能参考事务所里其他人从前写过的备忘录,以了解你的老板需要的备忘录格式大概需要包含哪些部分。通常,你需要考量时间、成本、易读性等因素来调整每一份备忘录的格式,粗估每一份备忘录所需的完成时间,并注意不要超出你当事人的预算。

四 除非论题段落过于冗长,否则办公室备忘录中应包含一个论题段落

通常在讨论部分的第一段应简单介绍接下来要分析的部分,这样的段落就叫作论题段落(thesis paragraph)。论题段落对讨论而言,就如同一个段落中的主题句。如果可能,论题段落应该包含主要的结论、准据法及具决定性的案件事实。

我用下面的例子来阐明上述的论点:

Carol Sobel 在纽约北部拥有一处苗圃,里头种的是果树。从 1980 年开始,Sobel 大量贩卖所种的树给纽约的零售商。在 1985 年那年,她跟 Greenway 签了一份买卖果树的合约。Greenway 公司是一家比 Sobel 的苗圃规模大五倍的零售商。Greenway 公司坚持用它自己的制式合约,而且不接受 Sobel 的修改。Sobel 签约时的合约终止条款是,只要在 30 日前以书面通知对方,买受人或出卖人皆能任意终止这份合约。Greenway 公司与 Sobel 苗圃间的买卖关系维持了近七年,从没出过任何问题,然而在 1992 年 3 月 1 日,Sobel 接到 Greenway 公司的书面通知说这份合约将于 30 日内终止。对 Sobel 来说,这个通知的时

间来得不巧，因为大部分的人都在春天种树，所以四月份是果树的销售旺季。合约在这个时候终止，对 Sobel 而言影响很大。

现在 Sobel 想要知道她是否能够从 Greenway 公司那获得赔偿，所以她向一位律师咨询，而这位律师要求他的同事写一份关于这个案件的备忘录草稿，内容是这个终止条款根据纽约统一商法典（New York's version of the Uniform Commercial Code）是否合理。

下面是针对 Sobel 的问题所写的论题段落的例子：

例 175

Sobel is unlikely to recover[1] damages under a theory that the termination clause[2] was unconscionable. Such a clause will be held unconscionable under N. Y. U. C. C. section 2-302 (McKinney 1964) when a seller can show (1) there was no meaningful choice but to deal with the buyer and accept the contract as offered and (2) the clause was unreasonably favorable to the buyer. Worldwide Music v. CD City, 578 N. E. 2d 80, 88 (N.Y. 1991). Because Sobel was not forced to deal with Greenway and because the clause gave both parties the same right to terminate the contract, the termination clause is likely to be upheld.[3]

论题段落不一定是必要的，当一开始的简短回答或结论已对整份备忘录作了简单介绍，那么论题段落就显得多余。

讨论部分也许包含了数个争点及法律原则（rule），或者为之后复杂的事实起个头。若论题段落涵盖的内容过于广泛，或是在其中提到引注（citation），读者

【词汇补充】
1. recover（v.）取得（损害赔偿）
2. termination clause 终止条款
3. uphold（v.）支持

将会难以消化理解。较好的方法是把论题段落拆成数个短段落,且把这几个短段落分别放在每个争点一开头的地方。

五 按顺序一次讨论一个争点

如果有两个或两个以上的争点或次争点,你应分别讨论,讨论完一个争点之后再进行下一个。

有时候争点容易分段,例如,当一个犯罪或诉讼的理由有数个要素时,一个要素就可以成为一段。但有些时候,因为法律规则很混乱,你需要自己将争点分段。当你已经将争点分段后,拟一个大纲,并按此大纲依序进行讨论。

寻找一个有组织性的原则来进行讨论。通常最佳原则是:由最重要的争点讨论起,然后依重要性依次往下论述,因为读者往往在开始时能很专心地阅读,然后渐渐就会失去耐心,而只选择性地阅读。所以,找出一个能让读者很快掌握分析重点的讨论顺序是很重要的。

然而,有时候一开始就讨论最重要的争点,会因为这个争点过于复杂而让读者不易理解,而且,有时候重要性相当的争点可能有好几个,那么此时你将需要依照另外一个有组织性的原则来进行讨论,下面是一些原则:

- 程序的(procedural)争点摆在实质的(substantive)争点之前
- 责任(liability)的争点摆在损害(damages)的争点之前
- 提供完整救济(relief)的理论摆在提供部分救济的理论之前
- 成文法的(statutory)诉讼原因摆在习惯法(common law)的诉讼原因之前
- 讨论某个行为是否受某个法令所规范的争论摆在讨论某个法令是否无效的争论之前
- 能够被成功主张的理论摆在较不可能被成功主张的理论之前
- 从简单到复杂
- 依时间先后顺序
- 使用法院在相关判决的案件中所用的顺序

可能性的原则太多了，上面仅为示例。你应该依你当事人的案子选择符合你当事人需求的原则来进行讨论。

六 每个争点的讨论栏依 CRAC 来形成

CRAC 是一个帮助你组织法律争点的讨论栏的工具，它跟较广为人知的 IRAC 有些微不同。IRAC 代表 Issue（争点）、Rule of law（法律原则）、Application of rule to facts（将原则运用到事实中）和 Conclusion（结论）。

CRAC 跟 IRAC 唯一的不同是，CRAC 以结论而非争点来起头。一开头就告诉读者结论，将有助于读者了解你所作的分析，就像看推理小说，一开始就知道凶手是谁将有助于读者发现线索。

下面是依 CRAC 的格式所写的例子：

例 176

Sobel's contract with Greenway is governed[4] by Article 2 of New York's Uniform Commercial Code. Article 2 governs all transactions[5] in "goods,"[6] which are defined in section 2-107 to include "growing crops[7] or other things attached to realty[8] capable of severance[9] without material harm." Sobel grows her trees in the ground, but when she sells them she digs them up and transfers them. Because the trees are severed from the realty without harm, they are goods covered by Article 2.

【词汇补充】
4. govern（v.）适用于……
5. transaction（n.）交易
6. goods（n.）商品
7. crop（n.）作物
8. realty（n.）不动产
9. severance（n.）切断

第十二章 办公室备忘录

在例 176 中,第一个句子是结论,第二句是法律原则,第三句是将法律原则适用到事实,第四句则再次提到结论。再回去看例 175 的论题段落,它的结构跟例 176 很类似,这也证明了 CRAC 在论题段落中通常能发挥很好的功用。

例 176 刚好能适用一个完整的 CRAC,但通常的情况并无法将 CRAC 作完整的运用,因为结论很短,而法律原则及将法律原则适用到事实部分通常比较长,因此,有时候你会需要数个段落来完整地解释一个法律原则,或将法律原则适用到事实中。

请注意,虽然例 176 的首句跟末句都是 CRAC 中的结论,但是两者的写法并不同,这主要是因为写作风格的原因。如果用同样简短、一致的 CRAC 来表现开头跟结尾的结论部分,将使文章显得呆板。因此,通常第一个结论是简介,而第二个结论则是总结,而且第二个结论通常会比第一个结论来得精确。

"适用要件"(application element)通常是最易令人混淆的部分。当把法律原则适用到案件事实中,首先,你必须提到跟这个争点相关的案件事实,再将法律原则适用到那些事实中。在必要的范围内,你也必须依据相关的法律原则的适用来分析那些事实,因为 CRAC 中的 A 同时也代表 Analysis(分析),所以你必须于必要时在 A 这个部分对案件事实作分析。

通常你会有一个主要的 CRAC 的"争点",而其中会包含较小的 CRAC 的次要争点。例如,若主要的争点是关于是否有一个殴打事件,次要的争点就会是殴打的要件:(1) 意图(2) 对另一个人(3) 造成伤害或攻击的接触。CRAC 的形态示例如下:

CONCLUSION(是否构成殴打)
RULE(殴打的三个要件)
APPLICATION
 第一个要件:意图
  Conclusion
  Rule
  Application
  Conclusion

第二个要件：另一个人

    Conclusion

    Rule

    Application

    Conclusion

第三个要件：伤害或攻击的接触

    Conclusion

    Rule

    Application

    Conclusion

CONCLUSION（是否构成殴打）

    当一个法律讨论部分复杂，又包含纠缠不清且重复的法律争点时，它也许不适用 CRAC 。在这种情形下，你必须放弃 CRAC，而改用某些处理特定问题的逻辑。CRAC 是一个富有弹性的工具，它能帮助你建构一个法律的讨论部分，但又不强制你一定要依完整的 CRAC 来写作。

七、先解释法律原则，再将此原则适用到案件事实中

    通常，当你适用相关的法律原则到案件事实前，你需要先对这个原则提出解释。例 177 中的法律原则由一个成文法条衍生而来，而作者在还未对这个原则作解释前就先行引用了：

第十二章 办公室备忘录

例 177

Sobel is unlikely[10] to prevail[11] on a theory of unconscionability. If a contract or any part of it was unconscionable[12] at the time it was made, a court may refuse to enforce[13] it under section 2-302. Sobel did not have to enter into the contract with Greenway because she had other potential[14] customers for her trees. And the clause itself gave both parties an equal right to terminate the contract. Therefore, it is unlikely that the clause was unconscionable under section 2-302.

例177 因为作者没有先解释何谓 unconscionability（不合理），就直接将第2-302 条适用到 Sobel 的案件事实中，所以得出的结论不具说服力。好的写法是，清楚交代你案件分析的步骤。

解释法律原则的方法之一是用判例法（case law）来解释它。例 178 的写法是在解释完法律原则后，才将此原则适用到 Sobel 的案件事实中：

例 178

Sobel is unlikely to prevail on a theory of unconscionability. A court may refuse to enforce a contract or any part of it that was unconscionable at the time it was made under section 2-302. Unconscionability, however, is not defined in section 2-302.

Section 2-302 was interpreted recently by the New York Court of Appeals as it applied to a termination clause in <u>Worldwide Music v. CD City</u>, 578 N.E.2d 80 (N.Y. 1991). The court held that to prevail on a theory

---

【词汇补充】
10. unlikely（a.）不大可能的
11. prevail（v.）获胜；占优势
12. unconscionable（a.）不合理的
13. enforce（v.）实施；迫使
14. potential（a.）潜在性的

that such a clause was unconscionable, a seller must show (1) there was no meaningful choice but to deal with the buyer and accept the contract as offered and (2) the clause was unreasonably favorable to the buyer. Id. at 88.

Although Sobel had to accept the contract as offered, she still had the meaningful choice of refusing to deal with Greenway. When she entered into the contract, she had other potential customers for her trees. The clause also was not unreasonably favorable to Greenway; Sobel had an equal right to terminate the contract at any time. Therefore, it is unlikely that the clause was unconscionable.

八 清楚交代每个引注的案件事实以使引注有意义

例178的写法比例177要来得好,但仍然不够完整,因为作者没有清楚交代所引注Worldwide案的案件事实(facts)。以下的两个理由显示出清楚交代案件事实的重要性:第一,需要案件事实来解释法院对你所引注案子的法律意见(holding);第二,作者可以借着Worldwide案的案件事实来比较Worldwide案和Sobel案的不同。

例 179

Section 2-302 was interpreted recently by the New York Court of Appeals as it applied to a termination clause in Worldwide Music v. CD City, 578 N.E. 2d 80 (N.Y. 1991). The clause in Worldwide was contained[15] in a contract negotiated[16] between two large corporations: a wholesale[17] seller of compact discs and a buyer of equal size. It stated that either party had

【词汇补充】
15. contain (v.) 包含
16. negotiate (v.) 交涉;商议
17. wholesale (a.) 批发的

the power to terminate the contract upon 90 days' notice. When the buyer terminated the contract, the seller sued. Id. at 83.

The court held that to prevail on a theory that such a clause was unconscionable, a seller must show (1) there was no meaningful choice but to deal with the buyer and accept the contract as offered and (2) the clause was unreasonably favorable to the buyer. Id. at 88. The seller in Worldwide met neither of these requirements. First, the seller had a meaningful choice not to deal with the buyer because it had other customers it could have sold to and the buyer did not have grossly[18] superior[19] bargaining[20] power. Second, the contract was not unreasonably favorable to the buyer because the seller also had the right to terminate if it received a more favorable offer from one of the buyer's competitors. The court therefore held that the clause was not unconscionable. Id.

Sobel meets neither of the requirements set forth in Worldwide. Although Sobel had to accept the contract as offered, she still had the meaningful choice of refusing to deal with Greenway. When she entered into the contract she had other potential customers for her trees. The clause also was not unreasonably favorable to Greenway; like the seller in Worldwide, Sobel had an equal right to terminate the contract at any time. Therefore, it is unlikely that the clause was unconscionable.

例179 所采用的分析结构是修改过的 CRAC，因为 Worldwide 案把不合理性的争点分成了两个次争点：no meaningful choice 和 unreasonably favorable。这两个原则出现在第二段，紧接着，第三段则把第二段中的原则适用到案件事实中，因此，就形成了 CRRAAC 的结构。如果规则的适用更广泛，那么每一个次争点都必须依 CRAC 来写。

【词汇补充】
18. grossly（adv.）非常地
19. superior（a.）较好的；占优势的
20. bargain（v.）讨价还价

例 179 中对 **Worldwide** 案描述的模式是：首先，先用几句话说明你所引用的案子；然后，写出你所引案件的引注；接着，再陈述所引注案件的事实；最后，陈述你所引案件的法律原则和该判决法院的法律意见。

有时候你可以将一个引注案的案件事实拆成数个部分，并把这些事实分别安插在不同段落的争点中。如果你在不只一个争点的讨论中提到这个所引证的案件，那么，你也许不需要在首次提到引注案件时就完整介绍其案件事实。你可以在稍后数个案件争点的讨论中，逐次补充跟各个争点相关的案件事实。

有时候你只需要提到引注案件中部分有意义或有用的事实即可。甚至，若你引注某一个案件的目的只是要让读者知道，所适用的法律原则是从这个案例而来，那么，你不需要引用案件事实来说明这个原则，甚至，连提都不需要提到所引案件的案件事实。

另一方面，你也许需要完整陈述引注案的整个案件事实。你可以用完整的案件事实来澄清法院的法律意见，或比较你所引注的案件跟你当事人案件事实的不同。如果你当事人的案子有许多争点需留待法官裁决，那么，提供愈多引注案件的事实让法官比较两个案件的不同，就愈显得必要。

九 首先分析支持你结论的争点，即使这个结论不利于你的当事人，然后再讨论相反的论点

所有我见过的办公室备忘录的范本，结论总是千篇一律支持作者的当事人。例 179 的写法说明了结论也可以是反对办公室备忘录作者的当事人。

例 179 的写法也阐释了"首先应该分析支持你结论的争点"这个规则。例 179 的作者已经下了 Sobel 不能证明不合理的结论，也提供了分析以支持这个结论。相反地，如果例 179 的作者所给的结论是，Sobel 能证明不合理，那么，应该首先提出支持这个结论的论点。

在分析了支持你结论的某个争点后，应继续讨论相反的论点。在每个争点的最末将所提的相反论点作个汇整，以免你的分析显得杂乱无章。使用上面的策略，例 179 的最后一段也许可以像例 180 这样写：

例 180

Sobel meets neither of the requirements set forth[21] in Worldwide. Under the first requirement, Sobel had the meaningful choice of refusing to deal with Greenway. Like the seller in Worldwide, when she entered into the contract she had other potential customers.

The differences between our case and Worldwide are not significant[22] enough to warrant[23] a different conclusion here under the first requirement. Greenway was five times the size of Sobel's Nursery, while the parties in Worldwide were of equal size. And the contract in our case was a form contract which Greenway refused to negotiate, while the contract in Worldwide was negotiated by the parties. But it is unlikely that these differences establish that Sobel had no meaningful choice because Greenway did not have the "grossly superior bargaining power" required by Worldwide under the first requirement.

Under the second requirement, the clause was probably not unreasonably favorable to Greenway. The clauses in Worldwide and Sobel's case are almost identical.[24] Like the seller in Worldwide, Sobel had an equal right to terminate the contract at any time.

The only difference between the clauses is the length of the notice period: 90 days in Worldwide as opposed to 30 here. If Greenway can more easily find other sources for trees on short notice than Sobel can find other buyers, Sobel might be able to argue that the shortness of the notice period was unreasonably favorable to Greenway. This fact needs to be investigated.

【词汇补充】
21. set forth 提出
22. significant (a.) 重要的
23. warrant (v.) 保证
24. identical (a.) 完全相同的

Finally, whether Greenway exercised[25] its right to terminate at a time that was unreasonably favorable to it is irrelevant;[26] section 2-302 measures unconscionability at the time the contract was made. Sobel therefore probably cannot meet Worldwide's second requirement.

Because of the similarity between Sobel's case and Worldwide, Sobel is unlikely to prevail on a theory of unconscionability.

例180中每一个次争点都有它自己的CRAC。因为CRAC里的"原则"（rules）（由Worldwide案而来的第一、二个必要条件）都已在介绍Worldwide案的段落中提过了，所以这些原则并没有一再被复述。

✚ 说明你的争点将由法官或陪审团决定

法律争点（issues of law）由庭审法官来决定，通常以法庭（the court）来统称庭审法官。而当有陪审团时，事实争点（issues of fact）由陪审团决定。因为陪审团通常比法官更具同情心，也更容易动感情，所以你应在办公室备忘录中告诉你的老板，争点系由法官或陪审团决定。

在办公室备忘录中写明一个争点是法律争点或事实争点，将有助于读者了解所引注的案子对你案件的影响力。当上诉审法院认为陪审团对事实问题的决定为合理时，这也仅表示有足够的证据供陪审团做成这个裁定。即使案情相似，发生在后案件的陪审团不一定要做成跟前面案件陪审团一样的裁定。而且，即使你当事人的案件事实跟先前案件相同，也不表示判决结果必定会相同。所以当你分析一个事实争点时，选择能反映出不确定性的用语，像是"The jury will probably find …"（陪审团也许将判定……）

当你的争点是法律问题时，你能藉案件事实的比较而获得较确定的结论。

【词汇补充】
25. exercise（v.）运用
26. irrelevant（a.）无关系的

第十二章 办公室备忘录

判例法及成文法决定一个争点是事实或法律问题的争点。分辨出你的争点是事实或法律问题,并且把这个部分包含在你的分析当中:

例 181

Although unconscionability is not defined in section 2-302, *subsection (1) provides that the issue of unconscionability is an issue of law for the court.*

若你已告诉读者,法院或陪审团将决定你当事人的案子,你可以在结论的部分再重述一次以加深读者的印象:

例 182

Therefore, a court is not likely to hold that the termination clause was unconscionable.

请注意你的用词:法官认为(hold)或裁决(rule)法律问题;陪审团和法官认定(find)事实问题。

即使当一个案件没有陪审团而事实问题由初审法官决定时,大部分的律师和法官仍然会使用像陪审团问题(jury issue)和陪审团询问(jury question)这样的措辞来谈论事实问题。因此,当一个案件没有陪审团,且尚在审判阶段,你选择如 *The jury will probably find*(陪审团大概会认定)这样的措辞来表达是被接受的。

十一、当你将判例法及成文法适用到案件事实中时,应沿用判例法及法令中的用词

当描述你当事人的案件时,你应使用与你所引注的判例法或成文法相同的用词。例如,因为 **Worldwide** 案谈论到 meaningful choice,所以当你将此"原则"适用到 Sobel 的案件事实中时,你应该说"Sobel had a meaningful choice.",而不

是"Sobel had other viable options."。沿用(tracking)使你的写作更容易为读者所了解,而且,若你想表现出你当事人案件受引注的判例法所支配,沿用也将使你的写作更具说服力。

十二 使用能承前启后的转折语

转折语是把"讨论"(discussion)及"主张"(argument)连接在一起的润滑剂。转折语能以各种形式出现,它可以是一个字,像 however(然而)或 furthermore(再者),也可以是一个或一个以上的完整句子。无论转折语以哪种形式出现,理想上,转折语应该指出两种方向:(1)告诉读者,你曾提到及将提到什么事,以及(2)告诉读者,现在你在讨论或主张的那个位置。

假设现在的段落正提到 Worldwide 案,这个案件的庭审法院认为终止条款是合理的,而现在,你要转而叙述另一个案件,而这案件的庭审法院对终止条款是否合理持跟 Worldwide 案不同的见解,切记,不要在还未使用转折语前就开始第二个段落,如例183:

例 183

In Gianni Sportswear v. T. J. Maxx, Inc., 572 N. E. 2d 32 (N. Y. 1989) a clothing manufacturer sued a clothing retailer when the retailer terminated its contract.

例183没有提供任何线索让读者知道接下来的段落要提到什么,或者这个段落和先前的段落有何关联。

接下来这个句子提供了较佳的转折语:

第十二章 办公室备忘录

例 184

The court also held a termination clause was not unconscionable in Gianni Sportswear v. T. J. Maxx, Inc., 572 N. E. 2d 32 (N. Y. 1989).

这种转折语的写法借着点出法院对 Gianni Sportswear 案的见解来预告读者接下来的段落要谈论什么，同时也借着使用 also 这个简单的字告诉读者之前的段落谈到什么：我已经结束讨论终止条款是否合理的案件，现在我将讨论另一个案件。

例 185 转折语的用法则比例 184 更好：

例 185

The court also held a termination clause was not unconscionable even though it provided for only 45 days' notice in Gianni Sportswear v. T. J. Maxx, Inc., 572 N. E. 2d 32 (N. Y. 1989).

十三 即使没有硬性要求，仍应尽量使用副标题

一份办公室备忘录，只有主要的标题（像是 DISCUSSION，讨论）才被要求一定要使用，但当使用子标题（subheading）有助于读者了解你的写作内容时，你应该使用它。在一个冗长的讨论部分中，子标题实际上是必要的，甚至在一个冗长的事实陈述部分，子标题也可能是有帮助的。当任何叙述篇幅超过五页长时，你就应适度地使用子标题来分段。

办公室备忘录中的子标题不一定要是完整的句子。子标题可以是一个单一的字，像是 Offer（要约）、Acceptance（承诺）以及 Consideration（诱因），但你应避免使用不能传达任何意义的子标题，像是 Part 1（第一部分）。

按照逻辑，在架构的每个层级都会有至少两个子标题。例如，有 1 这个标题，那么接下来至少还有一个标题 2 。

如果你的法律意见书很长，而且你也使用了子标题，那么请附上法律意见书

的目录，这能使你的读者对这份法律意见书先有一个概括的了解。

十四 结论部分不要再加入前面段落未提过的新内容

大部分的办公室备忘录在最末都有结论部分，你应当在这个部分针对之前讨论过的主要争点及重要的次争点再作一次总结。CRAC 中的结论应该能清楚表达你的立场，而在整份办公室备忘录最后的结论部分，你只要把所有前面提过的 CRAC 结论简单地作个汇整即可。

在结论部分，你也应该将导出这个结论的推论（reasoning）作个摘要整理。这等同于前面讨论部分的总整理。通常，推论的摘要整理的长度约有一个段落那么长，但请注意，不要在这个段落中包含引注，因为读者在前面的讨论部分就能很轻易地找到引注了，不需要再重复论述。

在结论部分已没有多余的空间来容纳新的内容，所以，请不要在结论部分提到前面从未提过的论点或案件。结论部分只应出现你个人对所受任案的建议。

十五 尽可能简洁地表达你的结论

因为你的老板必须根据你写的法律意见书来对这个当事人的案件作出决定，所以结论部分出现"是"或"否"这样的字眼是有帮助的，然而往往很难对复杂的案件事实跟法律得出一个确切的答案。所以，若一个当事人的案件胜诉或败诉实在难以论断，你可以对这个案件持某个立场，但不要轻易对这个案件下确切的判断。

因为法律是一门社会科学，它的对错很难论断，所以如果你对 Sobel 的案子下的结论是"Sobel 有百分之七十五胜诉的机会"，这将使读者产生案件的胜诉几率是能够确定的错觉。所以，你对一个案件下的结论，应当避免误导你的委托人你有保证胜诉的意思。

但即使你对一个案件下的结论是不确定的，也不要让这个结论过于模糊不清。尽可能精确地描述你对该案件不确定的程度，像是"A court is *unlikely* to hold that the termination clause is unconscionable."（法院不大可能认定终止条款是不合理的。)或"The federal court *almost certainly has jurisdiction* over Chen's claim."(几乎能确定联邦法院对 Chen 的诉讼案有管辖权。)对一个案件,能增加你下决定的准确度的方法之一是,指出任何不确定的地方,例如:"A jury will probably find that Dr. Anton was negligent *if we can persuade the court to apply a national standard of care.*"(如果我们能说服法院适用一个全国性的看护标准,那么陪审团的结论大概会是 Anton 医师是有过失的)。

你应避免完全模糊的结论,像是"Sobel *has a chance of* winning."(Sobel 有机会胜诉。)或"Sobel *may win.*"(Sobel 可能会赢。)有 possibly(可能地)意思存在的句子,其句义几乎等同模糊不清。同样地,"Sobel *should* win."这样的句子意思也不明确,你应该像"Sobel will win"(Sobel 将胜诉。)或"A victory for Sobel would be a just result."(Sobel 的胜诉是一个公正的判决。)这样写。

最后,避免像例 186 这样,在同一个句子中使用两个以上不确定的词汇:

例 186

It appears Sobel *may* have a good *chance* of winning in a suit against Greenway.

appears 和 may 使 Sobel 胜诉的 chance(机会)少了许多,而且甚至会使得这样的结论变得毫无意义,因为说了跟没说一样。

第十三章

问题提出

Questions Presented

第十三章 问题提出

法律意见书和办公室备忘录皆以"问题提出"（Question Presented）或"争议"（Issue）开始。好的问题，不仅能帮助读者精确地抓住法律意见书或律师备忘录的主题；另一方面，问题的确认与厘清亦有助于与该系争案件有关的所有争点的整理工作。此外，问题的整理工作，对于意见书中的"讨论"（discussion）或"主张（或争辩）"（argument）两大项目的写作，亦具有极大的关联性。本章对于法律工作者应如何构思"问题"的写作有完整的论述。

一、选择澄清争点而非完整陈述

通常每个"问题"都以一个句子来表达，但是复杂的问题总是很难以一个句子来表达。要将复杂的问题用一个句子来作表达是一件困难且耗时的事，在反复练习以一个句子来表达复杂问题的过程中所带给你的挫折感，将会使你不知不觉地将平易英文的写作原则全抛诸脑后。

因此，不要尝试以一句话来表达太复杂的问题。但是在写作上若无法避免以一句话来表达的情形时，可以选择用简短的句子来厘清问题，以代替冗长的文句来陈述问题。在陈述"争议"处有所遗漏的部分，可在之后的"讨论"或是"主张（或争辩）"的部分再次提出来讨论。在问题提出过程中，应尽量避免语句过于冗长，且应避免重复提出同一问题。切记！一个好的"问题"，应当能让读者对语句一目了然。

二、避免用 whether 作为"问题"的起始

为数不少的律师至今仍以 whether 开始一个"问题"（Question），但以 whether 作为"问题"的起始是不好的构句方式，故请不要这样写："Whether lost profits can be recovered in a fraud action"（所失利润是否能在一个欺诈的诉讼中获得补偿），而要说"Can lost profits be recovered in a fraud action?"（所失利润能否在一个诈

欺的诉讼中获得补偿?)。

三 "问题"栏以成文法或判例法起头,并以案件事实结尾

"问题"通常应包含法律(a reference to a legal rule)和事实(facts)两部分,把法律摆在"问题"栏的一开头能让读者了解并评估案件事实,下例"问题"中的判例法与援救(rescue)有关:

例 187
Does a store owner have a *duty* to rescue an injured person in the store when the person is not a customer and was injured outside the store?

若"问题"栏中的法律系成文法(statute),那么,请指明系何条文;若此成文法的名称广为人知,请在"问题"栏写明此成文法的名称;此成文法的引注(citation)在"问题"栏中可暂时略过不提,这部分留待"讨论"、"主张(或争辩)"部分再提即可,有关前述原则的适用,请参考例 188:

例 188
Does a buyer have a claim under Minnesota's Lemon Law when the buyer's car was out of service for three months during the warranty period but was working perfectly by the time of trial?

若"问题"栏中的法律系判例法(case law),通常不需要交代此判例法的出处,如例 187 所示,然而当某一判例(case)对某"争点"(issue)有巨大影响时,也许会需要在"问题"中交代这个判例的简称(short-form name):

第十三章 问题提出

例 189

Is there personal jurisdiction[1] over Sportco in California under International Shoe when Sportco has no retail stores[2] in the state but makes an average of five sales a year to California customers by mail order?

即便你在"问题"中提到某个判例,但请记住不要因为引用这个判例而显得"问题"杂乱无章。

例 189 的"问题",when 是法律(Law)跟事实(Facts)的一个大概的分界点,若你不了解怎么表示该"问题",你可以用以下的公式来呈现"问题":(1)"[law] when [facts]?" 或(2)"[law] even though [facts]?"。

若"问题"部分没有提到任何案件事实,会使读者无法在一开始就对整份办公室备忘录有基本概念,也很难成为一份具说服力的律师答辩状,如例 190:

例 190

Was a termination clause[3] unconscionable[4] under section 2-302 of the Uniform Commercial Code?[5]

像例 190 这样的"问题"写法,只有在之后有数个段落允许你描述简短的案件事实时,才能被接受,但大部分的法学院跟法院很少使用这样的写法,通常只在"问题"中提到最重要、最具决定性的案件事实,然后在之后的"讨论"、"主张(或争辩)"部分再补充其余的案件事实。

在"问题"中提到的案件事实应该具体、明确,而不应像例 191 这样,包含太多写作者个人的意见:

【词汇补充】
1. personal jurisdiction 对人的管辖权
2. retail store 零售店
3. termination clause 中止条款
4. unconscionable(a.) 不合理的
5. Uniform Commercial Code 统一商法典

例 191

Was a termination clause unconscionable under section 2-302 of the Uniform Commercial Code when it was used by a buyer to victimize a smaller seller?

例 191 这样掺入写作者个人意见的事实描述方法不仅不客观，也不具说服力。例 196 点出了例 191 的重点，指出具体、特定的案件事实，且没有加入个人意见。

四 决定使用诉讼当事人的姓名或称谓来指称当事人

使用真实生活中的称谓（role），例如买受人（buyer）及出卖人（seller），时常能在律师答辩状中的"问题"部分发挥很好的效果，因为上诉审法院并不熟悉双方当事人的名字，且上诉审法院的判决不只对此案的当事人有拘束力，更会影响到往后的判决，即在此上诉审法院管辖权内的案件。

然而，因为一般律师要求的办公室备忘录不会有这么多顾虑，律师通常只需考虑到他的委托人，所以在办公室备忘录中使用当事人的姓名来指称当事人比用称谓更恰当：

例 192

Does Mushki have a fraud[6] claim against Import Auto for failing to tell him that the used car[7] he bought had transmission[8] problems even though no one at Import Auto made any representations about the condition of the transmission?

【词汇补充】

6. fraud（n.）诈欺
7. used car 二手车
8. transmission（n.）传动

第十三章 问题提出

当你为了诉讼策略上的理由想让庭上特别注意到诉讼当事人,也可以用当事人姓名来指称当事人。

诉讼角色(litigation roles),例如原告(Plaintiff)或上诉人(Appellant),在"问题"中通常发挥不了作用,因为诉讼角色并没有提供任何诉讼当事人的信息。所以,除非你正处理一个程序主张(procedural issue)或正谈论刑事案件中的被告,否则不要使用诉讼角色来称呼当事人。

不论你如何称呼诉讼当事人,如果有一个以上的"问题",则对诉讼当事人的称呼要一致,不要在一个"问题"中使用 buyer 及 seller,而在另一个"问题"中使用像 Greenway 及 Sobel's Nursery 这样的诉讼当事人的名称。

五 "问题"栏切勿涵盖结论

请记住,"问题"栏的作用只是借着提到准据法及案件事实来界定一个争点(issue),"问题"栏不应包含法律结论中此问题的答案(answer)。结论部分应保持未定状态,并留待之后的"讨论"、"主张(或争辩)"再回答。

下面的几个例子都跟诽谤有关,并说明了上述的原则。假设这个案件主要的争点是一个人是否有诽谤的言论免责权。当同时符合以下三点:(1)在适当场合;(2)有适当动机;(3)有合理的立论基础时,才拥有言论免责权。主要问题因此衍生出三个次问题。例 193 是不好的写法,因为它在"问题"栏中包含了尚不成熟的法律结论(conclusion):

例 193

Were Arkin's defamatory[9] statements about Dr. Hall privileged[10] when he made them on a proper occasion,[11] with a proper motive,[12] and with reasonable grounds?[13]

【词汇补充】

9. defamatory (a.) 诽谤的
10. privilege (v.) 给予……特权
11. occasion (n.) 场合
12. motive (n.) 动机
13. ground (n.) 根据

因为例 193 中每个次问题都以结论的形式呈现，因此使得这个跟诽谤有关的"问题"只能有一个答案：是(yes)。然而，你应在"问题"栏中以特定的事实来替代结论，并让结论保持未定状态：

例 194

Were Arkin's defamatory statements about Dr. Hall privileged when he made them while giving an unfavorable job reference to prevent Dr. Hall from getting a job because he knew a patient had died after being operated on by Dr. Hall?

六 "问题"栏只陈述主要争点

"问题"就像标题，其所占篇幅应与之后的"讨论"、"主张（或争辩）"成正比。次要争点不需被包含于"问题"栏中，只要提到主要问题即可。然而，你仍能在"问题"栏中暗示(imply)重要的次问题。

举例来说，假设你正在写一份跟诽谤有关的办公室备忘录，若诽谤免责的三个要件中每一个要件都以十页的篇幅来讨论，那么，每一个要件分别有"争点"栏是合理的；但相对地，若整个"问题"栏只有五页，则每一个事实要件分别有其"问题"栏就显得过多了。

把事实、主要问题及三个次要问题都涵盖在一个"问题"栏中，如例 195 所示，是不好的写法：

例 195

Were Arkin's defamatory statements about Dr. Hall made on a proper occasion, with a proper motive, and with reasonable grounds so as to be privileged when he made them while giving an unfavorable job reference to prevent Dr. Hall from getting a job because he knew a patient had died after being operated on by Dr. Hall?

第十三章 问题提出

你应当学习的写法应如例 194 所示，在"问题"栏清楚论述主要问题及涵盖能暗示次要问题的事实，而不要把次要问题也包含在内。例 194 中的三个事实只暗示了三个次要问题。

七 谨慎地选择及强调不具争议性的"案件事实"，以使"问题"栏具说服力

除了例 191，所有上面例子"问题"的写法都是客观的，因此适用在每份办公室备忘录中，且"问题"栏中的"事实"都立场公正地摘要了每个案情。

呈给初审法院的律师答辩状或法律意见书中的"主张"栏应具有说服力，而为了使"问题"具说服力，你必须谨慎地选择并强调能支持你主张的案件事实。如果可能，尽量选择不具争议性的事实。

举 Sobel 的案子为例，对 Sobel 这方来说，具说服力的"问题"的写法是强调 Sobel 跟 Greenway 间不平等的议价能力：

例 196
Was a 30-day termination clause unconscionable under section 2-302 of the Uniform Commercial Code when the clause was contained in the buyer's form contract that the buyer refused to negotiate, and the buyer was five times the size of the seller?

对 Greenway 这方而言，较具说服力的"问题"写法是像例 197 这样，强调终止条款对双方而言是平等的，且 Greenway 并没有强迫 Sobel 签署这份合约：

> **例 197**
> Was a clause giving both a buyer and a seller the equal right to terminate their contract on 30 days' notice unconscionable to the seller under section 2-302 of the Uniform Commercial Code when the seller had other potential customers at the time it entered into the contract?

有些律师认为一个具说服力的"问题"的写法应该是能够诱使法院作出 yes 的判决，但其实不尽然。只要"问题"的部分够清楚，所诱导出的法院判决可以是 yes 也可以是 no。但请注意，若律师答辩状中包含一个以上的"问题"，你所引导出的法院判决必须一致，也就是说，若有三个"问题"，其所诱导出的法院判决应当是 yes-yes-yes 或 no-no-no，而非 yes-no-yes。

八 在"问题"部分强调初审的胜诉判决

在呈给上诉审法院的律师答辩状中，胜诉方的"问题"栏应尽量提到初审胜诉的判决。虽然对上诉审法院而言，初审法院的判决结果并不具拘束力，但至少表示了初审法院的法官同意胜诉方的论点，所以初审胜诉方的"问题"以"Did the trial court properly rule that ..."（初审法院是否适当地判定……）这样的写法作为律师答辩状的起头也许会有帮助。另一方面，初审法院对案件事实的认定通常影响上诉审法院甚巨，所以初审胜诉方在"问题"部分提到案件事实时以"Did the trial court properly find that ..."（初审法院是否适当地判定……）这样的写法起头是明智的。

九 在律师答辩状中，把"问题"转换成要点标题

要点标题（main point headings）的作用是把律师答辩状分成数个部分，并将主张（或争辩）（argument）整理出几个摘要部分。要点标题必须以完整的句子、

大纲的形式来呈现,且要点标题应与"问题提出"相对应,意即,把问句形式的"问题"改写成肯定句即成标题。例 198 是把例 197 Greenway 的"问题"转换成标题的写法:

例 198

1. THE TERMINATION CLAUSE WAS NOT UNCONSCIONABLE UNDER SECTION 2-302 BECAUSE SOBEL'S NURSERY HAD OTHER POTENTIAL CUSTOMERS AT THE TIME IT ENTERED INTO THE CONTRACT AND THE CLAUSE GAVE BOTH PARTIES AN EQUAL RIGHT TO TERMINATE THE CONTRACT.

若你在"问题"部分使用诉讼当事人角色(the parties' roles),通常在标题要点部分你应该把诉讼当事人角色转换成当事人的名字,例如将 seller 转换成 Sobel's Nursery。在"问题"中使用称谓应能满足法官想要了解案件中呈现更广范围的法律问题的目的,但在标题部分,你可以直接切入主题,并把重点集中在特定的当事人身上。

如果有三个"问题",那么就应该有三个要点标题,且标题的顺序应与"问题"相同。一个要点标题之下可以有数个副标题,但要留意不要因使用过多的副标题而打乱了"问题讨论"部分的顺序。若把例 198 中的标题分成一个主标题跟数个副标题,会成为例 199 这样看起来类似目录的写法:

例 199

THE TERMINATION CLAUSE WAS NOT UNCONSCIONABLE UNDER SECITON 2-302 OF THE UNIFORM COMMERCIAL CODE.

A. Sobel's Nursery had a meaningful choice not to deal with Greenway because it had other potential customers at the time it entered into the contract.

B. The clause was not unreasonably favorable to Greenway because it gave both parties an equal right to terminate the contract.

藉由比较例198和例199可观察出,加入副标题Greenway能够缩短要点标题的长度,且使读者更易阅读及了解。借着加入副标题,Greenway也能把无法在一个要点标题中叙述完的信息再予以补充。

传统上主要标题全都以大写英文字母表达,而副标题的写法则跟一般句子的写法相同。在"问题讨论"部分的副标题会加上下划线与正文区别,而在目录部分虽不必加下划线,但仍要留意"目录"部分需涵盖之后所有要谈论的每一个副标题。

逻辑上来说,文章组织架构的每个层次下至少要有两个副标题,如果有一个A,则必须有一个B;如果有一个1,则必须有一个2。当律师答辩状中只有一个要点时,则是上述规则唯一的例外,在这种情况下,即使没有Ⅱ,也应将这个要点标示为Ⅰ。

第十四章

主张(或争辩)
Argument

ability to render. But when transforming a discussion of the issue into an argument, corresponding changes must be made. This chapter explains these changes and argument, and makes your writing more persuasive.

第十四章

"如何以客观的立场来为法律主张(或争辩)(argument)的分析"与"如何以更具说服性的方式来为主张(或争辩)"？此两个问题具有许多共同点：详细完整的资料搜寻功夫、熟练的主张(或争辩)分析与写作的能力。但把问题讨论转换成主张(或争辩)时,必须做相应的改变。本章针对这些改变及主张(或争辩)作解释,并使你的写作更具说服力。

一 以撰写律师答辩状的格式来书写法律意见书

上诉的律师答辩状(appellate brief)或是法律意见书(memoranda of law；此处之 memoranda 系指提出于第一审法院的诉状),皆为法律人从事诉讼时,所需提交给法院的书状。所谓的"律师答辩状",通常专指提交给上诉法院的书状而言。无论是州法院系统还是联邦法院系统,针对律师答辩状的写作格式,不是以法律的形式来加以规范,就是以法院内规的方式来加以规定。"事实陈述"(Statement of Facts)与"主张(或争辩)"栏是一份律师答辩状最核心的部分。此外,问题提出或主张(或争辩)栏(Questions Presented or Issues)、律师答辩状或法律意见书内容的目录栏(a table of contents)、法源出处索引栏(a table of authorities)与结论栏(conclusion),亦是一份完整律师答辩状所必须具备且不可或缺的部分。

律师答辩状中的"结论栏"应如何写作？此问题常困扰着法学院的学生。其所扮演的角色与仅供律师事务所内部自己参考用的"办公室备忘录"(office memo)中的"结论栏",有着截然不同的功能。然而,此两种类型诉状的"结论栏"最大不同点在于："律师答辩状中的结论栏,除了请求法院就其所为诉讼上的主张(或争辩)为胜诉的裁判外,并未包含辩护人主观意思。"

所谓"法律意见书",通常乃指就你所受委托的案件,整理该案件在法律层面上所涉及的所有主张(或争辩),且就你所提出的主张(或争辩)予以分析后,提交给法院的书状。法律意见书在写作上的格式,不像律师答辩状一样,须受到法律或是法院内规的拘束。不同的律师,其所为的法律意见书在格式的安排上,可能有所差异。无论如何,一份完整的法律意见书,通常须具有"事实"、"问题提出"、"主张(或争辩)"与"结论"等栏。

一、在律师答辩状或是法律意见书"事实栏"下,陈述案件事实须具有说服力

在美国的司法体制下,法院所为的判决需符合既存的成文法(statute)、行政命令(administrative rule)以及判例法(case law)。但从现实面观察,因案件事实的多样与复杂,具体案件的相关事实常与既存的成文法、行政命令以及判例法所预设的事实要件不符。法院在就既存的成文法、行政命令以及判例法所未作规范的案例事实作判决时,其本身享有某种程度的裁量权限。在前述的情形下,你应设法影响法官的裁量权,使审理该案件的法官相信,你所为的主张(或争辩)不仅在"情理"上是公平正义的,在"法理"上也站得住脚。

当法官对于各该案件享有裁量权时,如果你在律师答辩状"案件事实栏"下所陈述的案例事实是具有说服性的,在相当程度上,亦会使审理的法官在其心证的形成过程中受到影响。其实,陈述一具有说服性的案例事实,也是一项精致的艺术,因为你必须设法使阅读该案件事实的法官身临其境。

在案例事实的陈述上,你所必须注意的第一件事是:"陈述事实的顺序"。依时间发生的先后来陈述事实,是最简便的事实陈述方式。但就案件事实的阅读者而言,首先引起其注意的是,在案件事实陈述的过程中,何造当事人首先被提及。因此,以角色的方式来陈述案件事实,是另一种依时间发生先后顺序来陈述事实的论述方式。但无论你以上述何种方式来为案件事实的陈述,在介绍当事人角色时,在顺序上应以先介绍你的当事人为原则。

你也需思考在"案件事实栏"中以何种顺序来介绍案件的背景资料。你可以在"案件事实栏"起始处就提供案件的背景资料,介绍完背景资料后再叙述案件事实,这样做的好处是不会分散读者的注意力。你也可以选择在叙述案件事实时随时插入背景资料的介绍。

下述的两个例子,系对于具有敌对关系的两造当事人,作者如何为案例事实

第十四章　主张(或争辩)

的陈述。这个案件是关于一位名为 Steven Massey 的十五岁男孩,被较他年长的一帮恶少追逐时,向某栋公寓里的 Shirley Rannum 求救,但 Shirley 置之不理,以致 Steven 被殴打成重伤,Steven 因此对 Rannum 提起诉讼:

例 200

　　Fifteen-year-old Steven Massey was walking home alone near downtown Minneapolis a little before midnight on July 8, 1991, when a gang[1] of older boys started chasing him. He tried to elude[2] the gang by running through the yards of the houses on the 700 block of Burns Street. While climbing over a fence, he fell and cut his forehead. But when he heard the gang close behind him, he got up and started running again. The cut bled down his face as he ran. Some blood got into his eyes, making it hard for him to see.

　　He ran to the apartment building at 700 Burns Street. Out of breath, he ducked into[3] the small lobby and began banging[4] on the inside door and begging to be let in. A few moments later, Shirley Rannum, the owner and caretaker of the building, stuck her head out of her apartment and saw Steven.

上述的案例事实,系出于当事人 Steven Massey 这方的陈述。

【词汇补充】
1. gang (n.) 恶少
2. elude (v.) 逃避
3. duck into 闪避;躲避
4. bang (v.) 砰然重击

例 201

　　Shirley Rannum is the owner and caretaker of the apartment building at 700 Burns Street near downtown Minneapolis, and she lives in apartment 101. Because the building is in a rough neighborhood, the inner door of the lobby is always kept locked. Rannum herself was mugged in front of the building in 1989 and had her purse stolen.

　　On July 8, 1991, Rannum went to bed about 11 p.m. A little before midnight, she was awakened from a deep sleep by someone pounding and shouting in the lobby. She went in her nightgown to the door of her apartment and looked out. Through the inner lobby door, she saw a young man she had never seen before, with blood on his face, demanding to be let in.

　　上述的案例事实，系出于当事人 Shirley Rannum 这方的陈述。

　　上述例 200 与例 201 案例事实的陈述方式，皆从陈述己造当事人开始，且亦从己造当事人的角度来陈述案例事实。当你的当事人为公司或其他非自然人的实体时，尝试以拟人化的方式，来陈述案件事实。

　　在事实陈述的过程中，避免使用情绪化的形容词或副词，对于有利于你当事人的事实，可以将其置于段落或句子的一开始，且以生动的语词予以强调。但对于不利你当事人的事实，你可将其置于段落或句中，且以一般性的语词轻描淡写地带过。

　　为了避免事实的陈述令人看起来过于混乱，除了对于不必要的时间与日期无须加以陈述外，倘若事实的来源是不重要的，你亦无须特别加以交代。举例来说，当你陈述某一事实时，对于可证实此事实的人（亦即事实的来源），你无须特别提及，除非你为了说服法官，使法官对于该项事实的陈述产生相当程度的心证。有关此例外的适用，可参考例 202：

第十四章 主张(或争辩)

例 202

Dr. Eva Lehr, *head of neurology at the Mayo Clinic*, testified that Steven will never regain the full use of his hand.

最后,对于不利于你当事人的案件事实,在案例事实的陈述过程中也应一并提及,因为即使你不提到此段不利于你当事人的事实,对造的当事人亦会提及此段事实。不要忘记,当你有意省略不利于你当事人的事实时,你同样也丧失了为此不利事实辩护的机会。

三 只要可行,用你最有力的主张(或争辩)起头

如果可能,讨论应从对你较为有利的主张(或争辩)着手。此一道理就如同当你在观赏乐团的表演时,假如其所演奏的第一首歌曲令你感动,你便会对于他们其后歌曲的演唱感兴趣。同理,当你的第一个主张(或争辩)吸引审理法官的注意时,他自然对于你其后的主张(或争辩)讨论也会多加留意。

四 结论—法规范—法律适用—结论(CRAC)的法律写作方式,可运用在你的所有主张(或争辩)讨论上

以 CRAC 的推理方式来讨论法律主张(或争辩),就如同以客观的角度来分析各种主张(或争辩)一样。以 CRAC 的方式来讨论主张(或争辩),其所为的结论,必须立于你当事人的角度为之,且同时为有利于你的当事人的主张(或争辩)。有利于你当事人结论的主张(或争辩),系基于具体法规范适用到你所主张(或争辩)事实的结果。此外,有利于你当事人的主张(或争辩)讨论,理当应优先于不利于你当事人的抗辩主张(或争辩)。换言之,应先为有利的主张(或争辩),再为不利主张(或争辩)的抗辩。

此外,在前章中有关办公室备忘录的 CRAC 的写作模式,可完全适用到有关主张(或争辩)的写作上。CRAC 是一个供你组织主张(或争辩)的灵活工具,不

是一个严格规定主张（或争辩）的格式。如何灵活运用 CRAC 来主张（或争辩），可参考例 203：

例 203

THE TERMINATION CLAUSE WAS NOT UNCONSCIONABLE UNDER SECTION 2-302 OF THE UNIFROM COMMERCIAL CODE.

　　A court may refuse to enforce a contract or any part of it that was unconscionable at the time it was made under section 2 – 302 of New York's Uniform Commercial Code …

五 正面迎击不利于你当事人的主张（或争辩）

　　对于不利于你当事人的主张（或争辩），你不可存有法院会同你一样"忽略不利于你当事人的主张（或争辩）"的想法。相反地，你必须勇敢地正面迎击所有不利于你当事人的主张（或争辩）。但是，在此正面迎击的同时，你也无须随着你对手的脚步起舞。选择适当的时机，迎击不利于你当事人的"事实"、"对造所援引的判例"，不但可减低此等"不利于你当事人的事实或判例"对于你当事人的伤害，亦可增加你胜诉的机会。

　　将不利于你当事人的主张（或争辩），置于你诉讼上攻防的架构下，乃是最佳迎击不利于你当事人主张（或争辩）的处理方式。在律师答辩状中为主张（或争辩）的讨论时，避免一开始就攻击对造的主张（或争辩）。相反地，应以有利于己方的主张（或争辩）为开场白。换言之，在你已完成所有有利于己造的主张（或争辩）后，再以简短有效的方式来处理不利于你当事人的主张（或争辩）。

　　迎击不利于你当事人的主张（或争辩），一个明确的处理方式是在 CRAC 中的 A 中法规范适用到己造事实后，接着反击对造的主张（或争辩）。

　　在对"不利于你当事人的主张（或争辩）"提出抗辩时，为避免他造当事人借你大展身手之际有抢你风头的可能，在为抗辩时，文句上应避免提及他造当事

第十四章 主张(或争辩)

人。此写作规则的运用,可参考例204及205:

例 204

Sportco argues that this case is controlled by Wyatt v. Bach, 949 F. 2d 575 (8th Cir. 1991). However, Wyatt is distinguishable because …

例 205

Wyatt v. Bach, 949 F. 2d 575 (8th Cir. 1991) is inapplicable because…

任何一个主张的提出,你皆可试着从下述三个层面予以攻击:
- 该主张(或争辩)的精确性:研究对方的主张(或争辩)以找出(1)某个重要事实的虚伪陈述或遗漏;(2)某个法源(authority)的错误引用;(3)所依赖的某个判决已被推翻(overruled),或某个成文法已被修改或已失效。
- 主张(或争辩)的内容:指出对方主张(或争辩)中判决理由(reasoning)的错误,或对方数个主张(或争辩)间的不一致。
- 与此主张(或争辩)有关的政策考量:即使对方的主张(或争辩)是正确的,且易被适当地推论,但若法院判对造胜诉会创设出一个危险的判例,或对整个社会有不利的影响,那么,向法院解释这个情况。

六 主张(或争辩)在"精"不在"多",且亦应避免将其复杂化

如果请教法官,什么样的律师答辩状才是具有说服力的答辩状?他们一致的答案是:避免"霰弹枪式"的主张(或争辩)写作方式。所谓:霰弹枪式的主张(或争辩)写作方式就是,当事人尽其所能地提出所有可能的主张(或争辩),与此同时,心想在其诸多的主张(或争辩)中必定会有一两个主张(或争辩)会被法院采信。此种尽可能多提主张(或争辩)的攻防方式,不仅会令人产生没有一个单一主张(或争辩)是好主张(或争辩)的印象,他方面亦会产生使较弱主张(或争辩)减损较强主张(或争辩)的效果。

七 选择简单而不复杂的主张（或争辩）来讨论

　　法官跟书记官都很忙碌，因此你选择的主张（或争辩）应该短而简单，让人容易理解为佳。

八 提供给法官一个简单的方法来判决己方胜诉

　　法官跟其他人一样，想要避免复杂的决定，所以，向法官展现出最容易达到你想要的结果之方法，例如：提供方法让法官避免碰触不需要碰触到的主张（或争辩）。

九 提出好的政策来支持你的主张（或争辩）

　　如果你发觉"公共政策"可支持你的主张（或争辩），在论述中，你也可提出此"公共政策"，且进一步向法院解说，为何此"公共政策"在真实的世界及司法体制下可以支持你的论点：

例 206

An employer must be able to speak freely when giving a job reference about a former employee without fear of being sued for defamation. Otherwise, business will not be able to adequately screen job applicants and will mistakenly hire dishonest or unqualified employees.

第十四章　主张(或争辩)

例 207
If children can sue their parents for negligence, courts will be flooded with fraudulent claims by families trying to collect insurance under their homeowners' policies.

以"公共政策"来支持你的主张(或争辩),通常最适合在最高法院提出,因为第一审法院仅能根据事实来适用法律,而第二审法院主要是纠正第一审法院事实及法律适用上的错误,鲜少涉及"公共政策"议题的斟酌。

当主张跟判例(precedent)相关时,政策的争论通常能发挥很大的作用。有一句格言是这么说的:"If you're weak on the law, pound the facts. If you're weak on the facts, pound the law. If you're weak on both, pound the table." 这句格言告诉我们,若你的案件事实及适用法律都较不具说服力,那么请在政策上多着墨。

十　每一个主张(或争辩)的提出,皆须符合法院的审查标准

所谓"法院的审查标准"系指"事实"与"法律适用"的审查而言。就"法律适用"的审查而言,倘若上级法院认为下级法院在案件的审理上于"法律的适用"有所错误时,上级法院具有变更下级法院判决的权限。亦即,上级法院就"法令的适用"上,得审查下级法院的判决。就"事实认定"的审查而言,除非在事实的认定上下级法院有明显的错误,否则上级审法院"案件事实认定"的权限是受到拘束的。由此可知,当事人欲在上级审为任何有关"事实主张(或争辩)",进而获得胜诉判决,是一项相当困难的工作,但也非完全不可能。

因此,你须针对你所欲主张(或争辩)的性质,适时地在各合适的审级提出。

十一　倘若下级法院的判决是合理的,你亦可将此下级法院的判决列为支持你所为主张(或争辩)的理由之一

第一审法院的判决,并无"判例拘束原则"的适用。但为了表示仍有法院的判决支持你所为的主张(或争辩),在写作上,你仍可引用第一审法院的判决。相

较于第一审判决的引用,第二审判决的引用就支持你论点主张(或争辩)的效力来说,是较具说服力的。

十二 在主张(或争辩)上,应以强烈且合理的语气为之

以"正面、肯定"的语气来作主张(或争辩),会较以"负面、否定"的语气为主张(或争辩)来得适当。举例来说,"此契约是符合公共政策"、"此判决应被确认"等以肯定语气来作写作上的表达,较"此契约并不像违反公共政策而无效"、"此判决不应被废弃"等否定语气的写作模式,在语气的表达上来得简单、明确、有力。由此可知,在主张(或争辩)的写作上,除非基于分析法条的必要,不可避免需要以否定的语气来逐一检验法条的构成要件,或是为了验证你所主张(或争辩)的法规范,你须以反面推理的方式来作法规范的检验,否则应尽量以肯定的语气来表示。

此外,虽然你必须以斩钉截铁的方式来论述,但却不应以逼迫的语气来作主张(或争辩)。你不应以命令式的语气告诉法官他必须(must)作出怎样的判决。不要这样写:Reverse the judgment of the trial court 或 Order Sportco to stop violating the contract。

十三 在为主张(或争辩)讨论的一开始,需省略介绍性的语词

例 208

It is Sobel's contention that the termination clause was unconscionable under section 2-302.

在上述的例句中,It is Sobel's contention that 便是一种导言性的语词。此种介绍性的语词不仅无益,且会减弱你在主张(或争辩)时的语气。为了使主张(或争辩)在语气上能更加肯定且强烈,上述例208可为如下的修正:

第十四章 主张(或争辩)

例 209

The termination clause was unconscionable under section 2-302.

比你的当事人 contends 或 argues 更糟的说法是说你的当事人 could argue 或 would argue，因为你现在处理的是"主张（或争辩）"的部分，所以应避免使用 would 这样无说服力且不必要的语词。另外，你也应该避免使用 it would appear 或 it would seem 这样的用法，取而代之的好用法是像 It appears 或 Apparently 这样的语词。

十四 为言词辩论攻击防御时，你所攻击的对象是对你不利的主张（或争辩），而非对造律师

言词辩论的对象是当事人的所有主张，而非对造的律师。因此，当你以对造的律师为言词辩论时的攻防对象时，你不仅会使对造律师因你人身攻击所产生的愤怒转嫁到更致力于该案件攻防的研究上，你亦会使崇尚互相尊重的辩论方式的法官对你产生疏离感。

十五 不要拿你的法律学素养来作测试

诚实是言词辩论时的上策。如果法院质疑你的诚信，你的案件很有可能会因此而受到败诉判决的命运。因此，在事实的陈述上，应从你当事人的角度来作陈述，且应力求准确与完整。过度夸张地陈述案例事实，是诉讼上的一大禁忌。

在从事法律意见书或是律师答辩状的写作时，你须先确定你已经就你当事人的案件，做了最完整且详细的研究。对于与你当事人案件事实相关的重要判决与成文法的搜寻与引用，你也未有任何的遗漏。在法律写作上，引注、引文或相关法律语词的使用也应力求精准，勿因此等写作上的小疏忽，而使法院质疑你的法学能力。

第十五章

结论

Conclusion